家庭で作れる

北欧料理

矢口岳

早川るりこ

河出書房新社

もくじ

4 　北欧料理で使う食材

第1章　野菜料理

8 　おじいさんの栄誉
9 　カンタレーラトースト
10 　キャベツのアンチョビドレッシングサラダ、根セロリとりんごのサラダ
　　アンチョビドレッシング、北欧風マヨネーズ
12 　ビーツと玉ねぎの赤いスープ、木曜日の豆のスープ、スモークサーモン入りポテトスープ
14 　ヤンソンさんの誘惑
16 　ディルポテト
17 　フィッティパンナ（残り野菜の炒め物）

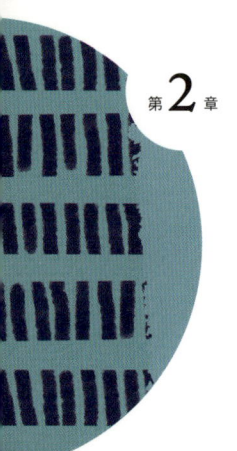

第2章　魚料理

20 　サーモンマリネ　マスタードソース、ニシンのマリネ　マスタードソース
　　北欧風マスタードソース、サーモンプディング
22 　ポーチドサーモン
23 　小エビとアボカドのサラダ
24 　カキのグラタン
26 　カジキマグロのソテー　アンチョビ白ワインソース
27 　イワシの香草パン粉焼き
28 　フィスクブラール（フィッシュボールのクリームソースがけ）

第3章　肉料理

32 　ショットブラール（スウェーデン風スパイシーミートボール）
34 　鶏肉のスウェーデン風煮込み
35 　北欧風カツレツ
36 　クリスマスにいただく北欧のお料理
　　スモークサーモンテリーヌ、ビーツ入り赤いハンバーグ、
　　ユールフィンカ（クリスマスハム）

第4章 パン・焼き菓子

- 42　カネルブッラル（シナモンロール）
- 44　セムロール（アーモンドペーストと生クリームを詰めた菓子パン）
- 46　貧しき騎士のフレンチトースト
- 47　スコルポール（スウェーデンのビスコッティ）
- 48　北欧の雑穀ブレッド
- 49　ソッケルカーカ（しっとりとしたスポンジケーキのような焼き菓子）
- 50　ハッロングロットル（真ん中にラズベリージャムをのせた焼き菓子）
- 52　クリングロール（パン屋さんのマークの焼き菓子）
- 53　ドロンマル（「夢」という名前の焼き菓子）
- 54　マンデルクッバル（アーモンドのスコーン風焼き菓子）
- 56　マサリネル（アーモンドペーストのタルト）

第5章 デザート・おもてなし

- 60　ミニロールケーキ
- 62　プリンセスバーケル セ（プリンセスケーキ）
- 64　マレングスヴィス（焼きメレンゲとホイップした生クリームのデザート）
- 66　オストカーカ（スウェーデン風チーズケーキ）
- 68　パンケーキのケーキ
- 69　ルバーブといちごの夏のデザートスープ
- 70　サフランスパンカーカ（サフラン風味のお米のデザート）
- 72　りんごのケーキ　バニラソース添え
- 74　クリスマスにいただく北欧のお菓子
　　　サフランのクネック、ラズベリーとバニラのコーラ、
　　　ペッパルカーコル（北欧のスパイスクッキー）、ルッセカッテル（サフランの菓子パン）

 コラム

- 6　北欧料理について
- 18　保存食いろいろ（自家製ピクルス、リンゴンベリーのジャム、香草バター）
- 30　北欧のお酒
- 40　北欧ならではの料理の知恵
- 58　テーブルコーディネート術
- 78　北欧の暮らしぶり

＊バターについては特別な記載が無い場合、P8〜39は加塩のもの、P42〜77は食塩不使用のものを使っています。
＊お菓子のレシピについて、本場のレシピでは重曹等の膨張剤を使うものもありますが、本書ではベーキングパウダーを使用しています。
＊大さじは15ml、小さじは5ml、1カップは200mlです。大さじ、小さじはすりきりで量ってください。
＊P8〜39はガスオーブン、P42〜77は電気オーブンでの加熱温度、加熱時間を表記しています。
＊電子レンジやオーブンの加熱温度、加熱時間、仕上がりは機種によって異なります。
　表記の時間を目安に、使用する機種に合わせて調整してください。
＊本書で紹介している食材については、通年販売を行っていないものもあります。

北欧料理で使う食材

北欧の家庭料理を見て感じるのは、同じ食材を使っていることが多いということ。
寒さが厳しいため、確かに食材には限りがありますが、
おいしい料理を楽しむための食材はさまざまあります。
きのこやベリーは、自然に恵まれた北欧ならでは。
ハーブやスパイスは、あまり種類の多くない食材を幅広く楽しませてくれます。
よく使われる食材と、その特徴を知っておきましょう。

カンタレラ
あんず茸とも言う。スウェーデンではみんなが大好きな国民的食材。市場やスーパーなどでも購入できるが、自然が身近にあって大切にしている国民性から、野山できのこ狩りを楽しむ人々も多い。

根菜
メイン食材となるのは、じゃがいも、玉ねぎ、にんじんなどの根菜。元々日持ちがしやすいうえ、秋に収穫したものを外に置いておけば、そのまま天然の冷蔵庫になり、長く保存することができる。

ビーツ
冬場でも保存のきく、北欧ではとても大切な野菜。赤い色と甘みが特徴で、煮込みや酢漬け、サラダに使います。大型スーパーなどでは手に入るので、ぜひフレッシュなものを。缶詰のものとは香りと色が断然違います。

リンゴンベリー（こけもも）
北欧を代表すると言ってもいいほどのベリー。豊富なビタミンC、酸味と鮮やかな赤色が特徴で、主にジャムにして、ミートボールなどの肉料理に添えられます。ジャムの作り方はP18で紹介していますが、市販品もあります。

グーズベリージャム（左）、クラウドベリージャム（右）
P46参照。イケアで販売。

北欧ジャム
トルフォークゴード ブルーベリージャム（左）、クイーンジャム（右）。アクアビットジャパンで販売。

ほかのベリーもよく食べられており、ジャムになっているものなら日本でも比較的手に入れやすいです。

ザリガニ
スウェーデンなど北欧地域の、夏ならではの食材。シンプルにディルと塩だけでゆでて、素手で食べます。8月後半に漁が解禁になるため、そのころに山盛りのザリガニを食べる「ザリガニパーティー」をするのが一般的な楽しみ方。

スパイス
限られた食材をより楽しむために、そして保存のためにもスパイスは不可欠。数種類のスパイスを合わせたような香りが楽しめるオールスパイスのほか、カレーに欠かせないカルダモンは、北欧ではお菓子作りに重宝します。

乳製品
チーズ、ヨーグルト、生クリーム、サワークリームなどの乳製品は、酪農が盛んな北欧では大切な食材で、さまざまなレシピで使用します。例えば、生クリームはお菓子だけでなく、肉料理や魚料理にも使います。

ディル
爽やかな香りが楽しめるハーブ。寒さの厳しい北欧においても簡単に育てられるディルは、「これがないと北欧料理にならない」と言えるほど。刻んでソースに混ぜたり、そのまま料理に添えたり、、あらゆる料理に使います。

北欧料理について

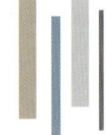

本書は、前半で料理レシピ、後半でお菓子レシピを紹介しています。

料理は、日本における北欧料理を牽引してきた「GAMLASTAN」やスウェーデン、イタリアで研鑽を積み、吉祥寺で「ALLT GOTT」のオーナーシェフを務める、矢口岳によるもの。
お菓子は、スウェーデンに1年半ほど留学し、学校や家庭で料理と食文化を学んだ早川るりこ。
近年、ノルウェーにも渡り、さらにお菓子作りの幅を広げています。

それぞれが紹介するレシピは、スウェーデンのものをメインとし、
現地の味わいを踏襲しつつ、味付けや食材を調整すれば家庭で作れるものばかり。

北欧料理を食べたことがない。
ミートボールとスモークサーモンくらいしか知らない。
そんな方たちにも楽しんでいただける、とっておきのレシピをぎゅっとお届けします。

さて、北欧料理のイメージはどんなものがあるでしょうか？

北欧の料理は、ひと言で表すのなら「保存食」。
厳しい冬の間、限られた食材で工夫して食べ繋ぎ、
次に来る春まで食べ物をもたせる……それに尽きます。
塩蔵、燻製、酢漬けなどの調理法が多いのも、そういったことが理由です。

古典的な料理になれば、特にその傾向が強いと言えるでしょう。
他のヨーロッパ出身者には「田舎料理」とも言われることもあります。
そんな北欧料理ですが、最近は少し変化してきました。

フランスやイタリア料理にもひけをとらない、新しくて洗練されたものに進化したのです。
スウェーデンでは若いシェフたちが、伝統を蔑ろにすることなく、新しい料理を次々に生み出しています。
彼らはフランス、イタリア、アメリカなどで最先端の料理を学び、持ち帰ってきました。

今や北欧料理は現地の人々や観光客にも大人気となり、
デンマークのレストランが「世界のベストレストラン」において、近年、首位に選ばれています。
その裏で、残念なことに、伝統的な料理を守り続けているお店がどんどん閉店しているという事実も……。
仕方のないことかもしれませんが、少し寂しい気がします。

一方、家庭料理においては、なかなかどうして伝統料理は健在。
昔から食べ繋がれてきたものは、そう簡単にはなくならないものなのでしょう。

ほんの一例ですが、本書ではそんな料理やお菓子を紹介しています。

スウェーデンをはじめとする、北欧の家庭の食卓。
華やかさはないかもしれませんが、質素で謙虚なスローフードがそこにあります。
それは北欧の暮らしぶりそのものなのかもしれません。

暖炉やロウソクの灯りの下、
家族みんなで穏やかに食べ、そして飲む。

外はとてもとても寒いけれど、家の中と北欧の人たちの心の中はとても温かい。
そんな料理とお菓子が、あなたを待っています。

Photos by 早川るりこ

第 1 章

野菜料理

たくさん収穫できるじゃがいも、玉ねぎをメインにしたレシピがたくさん。
いつもの材料も、北欧らしい味付けでぐっとオシャレに楽しめます。

おじいさんの栄誉

シンプルな材料なのに、おいしさがぎゅっと詰まっています。
パンと合わせるのがおすすめです。温かくても冷たくても◎。

材料　2人分
玉ねぎ（みじん切り）……1/2個
アンチョビフィレ……5枚
ゆで卵（固め）……2個
バター……大さじ1
塩、こしょう……各少々

ディル……適量
クネッケブロート*（好みで）……適量
ディンケルブロート*（好みで）……適量

＊クネッケブロート（左）
ライ麦を使った平焼きパンで、香ばしさとザックリとしたクリスピーな食感が特徴。

＊ディンケルブロート（右）
小麦の原種であるディンケル小麦を使ったドイツのパンで、素朴な味が楽しめます。

作り方

1. フライパンにバターを熱し、玉ねぎがしんなりするまで炒め、冷ましておく。
2. アンチョビフィレとゆで卵は5mm角に切り、ボウルに入れて混ぜる。
3. 2に1を加え、塩、こしょうで味を調える。
4. ラップをして、500Wの電子レンジで1分ほど加熱して皿に盛り、ディルを飾る。好みでクネッケブロート、ディンケルブロートを添える。

カンタレーラトースト

うまみと香りが豊かなカンタレーラをたっぷり。
ほかのきのこでも代用できる、朝ごはんメニューです。

材料　2人分
カンタレーラ……200g
玉ねぎ（みじん切り）……¼個
にんにく（みじん切り）……¼かけ
バター……大さじ1
生クリーム……40㎖
デミグラスソース（市販品）……15㎖
小麦粉……大さじ1
塩、こしょう……各少々

食パンまたはフランスパンのスライス
……適量

作り方
1. フライパンにバター大さじ½を熱して溶かし、玉ねぎとにんにくを炒めて、香りを出す。
2. 食べやすく切ったカンタレーラを加え、さらに炒める。
3. 小麦粉をふるいながら入れ、ダマにならないように混ぜる。
4. 生クリームとデミグラスソースを加え、全体にとろみがつくまで弱火で煮て、塩、こしょうで味を調える。
5. トーストしたパンに残りのバターを塗り、熱々の4をのせる。

＊カンタレーラの代わりに、エリンギ、マッシュルーム、しめじ、しいたけ、まいたけなど（各½パック）でも代用できます。

野菜料理　9

キャベツのアンチョビドレッシングサラダ

根セロリとりんごのサラダ

シャキシャキの根セロリやアンチョビ、
北欧ならではの食材で、いつもと違うサラダを。

キャベツのアンチョビドレッシングサラダ

材料　2人分
キャベツ……¼個
アンチョビドレッシング……大さじ3
塩、こしょう……各少々

サニーレタス、スプラウト（好みで）……適量

作り方
1. キャベツは少し太めの千切りにする。軽く塩を振って、少ししんなりするまでもむ（春キャベツなど、葉がやわらかいものは不要）。
2. 水で軽く洗い、水気をよくしぼる。
3. アンチョビドレッシングで和え、塩、こしょうで味を調える。
4. 皿に盛り、好みでサニーレタス、スプラウトを飾る。

根セロリとりんごのサラダ

材料　2人分
根セロリ*……¼個
りんご（紅玉など酸味のあるもの）……1個
アンチョビドレッシング……大さじ3
北欧風マヨネーズ……大さじ2
塩、こしょう……各少々

ディルのみじん切り（好みで）……適量

＊根セロリ
英語で「セロリアック」と言い、球根状のセロリの根。カブや大根などで代用できます。切り売りはされておらず、かなり大きいので、余ったらビーツのスープ（P12）などに入れてもよいでしょう。

作り方
1. 根セロリは厚めに皮をむき、細切りにする。りんごも同様に切る（少し皮を残すと、色合いがきれいになる）。
2. 根セロリを沸騰した湯で1分ゆでる。
3. 2の根セロリの水気をよく切り、りんごを混ぜて、アンチョビドレッシング、北欧風マヨネーズで和え、塩、こしょうで味を調える。
4. 皿に盛り、好みでディルのみじん切りを散らす。

作っておけば便利！　アンチョビドレッシング＆北欧風マヨネーズ

●アンチョビドレッシング

材料　作りやすい分量
アンチョビソース（市販品）*……20～50㎖
アンチョビフィレ（細かく刻む）……5～6枚
にんにく（つぶすまたはすりおろす）……小さじ1
白ワインビネガー（ほかの酢でも可）……50㎖
レモン汁……大さじ1
サラダ油……100㎖
こしょう……少々

＊アンチョビソース
アンチョビをペースト状にし、酢や砂糖などの調味料を加えたもの。スーパーで購入できます。

作り方
1. 白ワインビネガーとサラダ油を混ぜ合わせる。
2. アンチョビソース、アンチョビフィレ、にんにくをボウルに入れ、1を加えて混ぜる。
3. レモン汁を加え、こしょうで味を調える。

＊密閉容器に入れ、冷蔵庫で1週間ほど保存できます。

●北欧風マヨネーズ

材料　作りやすい分量
卵黄……3個分
エストラゴン（葉を刻んだもの）*……大さじ1
酢……50～70㎖　　レモン汁……大さじ1
サラダ油……800㎖　塩……10g
こしょう……少々

＊エストラゴンは、酢漬けのものが市販されているので、その葉と酢を使うとよいです。

作り方
1. ミキサーまたはフードプロセッサーに卵黄を入れ、白っぽくもったりとしてクリーミーになるまで攪拌する（泡立てが足りないと分離してしまう）。
2. サラダ油と酢を、1に7～8回に分けて交互に加えて、その都度混ぜる（まずはサラダ油50㎖ほどを糸のようにして入れ、次に酢小さじ1ほどを入れる。徐々に量を増やしながら入れるとよい。一度に入れると分離してしまう）。
3. エストラゴン、レモン汁を加えて混ぜる。塩、こしょうで味を調える。

＊市販のマヨネーズにエストラゴンを加えるだけでも、手軽に北欧風マヨネーズが作れます。

＊密閉容器に入れ、冷蔵庫で1週間ほど保存できます。

野菜料理　11

ビーツと玉ねぎの赤いスープ

木曜日の豆のスープ

寒い北欧で、よく食べられているスープ。
限られた食材で、さまざまな味を
楽しむ知恵が込められています。

スモークサーモン入りポテトスープ

ビーツと玉ねぎの赤いスープ

材料　2人分
- ビーツ（直径約10cmのもの）……1個（市販の缶詰なら2缶）
- 玉ねぎ……1個
- 固形スープの素……2粒（10g）
- バター……大さじ1
- 塩、こしょう……各少々
- 水……600ml

作り方
1. ビーツを皮ごとゆでる（缶詰の場合は不要）。真ん中に串を通して、スッと通ったらOK。皮をむき、1.5cm角に切る。玉ねぎも1.5～2cm角に切る。
2. 鍋にバターを熱し、玉ねぎが透明になるまで、焦がさないように炒める。
3. 2の鍋に1のビーツ、水を加え、固形スープの素を入れ、火にかけて温める。塩、こしょうで味を調える。

スモークサーモン入りポテトスープ

材料　2人分
- リーキ（ポロねぎ）または長ねぎ……1本
- 玉ねぎ……1個
- じゃがいも……500g（中3～4個）
- バター……大さじ2
- 生クリーム……200ml
- 固形スープの素……2粒（10g）
- 塩、白こしょう……各少々
- 水……800ml

- スモークサーモン（細切り）……150g
- ホースラディッシュ（西洋わさび、好みで）……適量
- ディル（みじん切り）……少々

木曜日の豆のスープ

材料　2人分
- ひよこ豆（水煮）……正味200g
- 玉ねぎ（みじん切り）……½個
- バター……大さじ1
- 牛乳……200ml
- 生クリーム……200ml
- 固形スープの素……1粒（5g）
- 塩、白こしょう……各少々

- マイクロトマト（好みで）……適量

作り方
1. 鍋にバターを熱し、玉ねぎを焦がさないように炒める。
2. ミキサーまたはフードプロセッサーにひよこ豆を入れ、細かくすりつぶす。1の玉ねぎを加え、さらにすりつぶす。
3. 鍋に牛乳と生クリームを入れ、固形スープの素を入れ、火にかけてしっかりと溶かす。
4. 2に3を加え、全体がなじむまで撹拌する（撹拌した後、目の細かい漉し器で漉すと、口当たりがよくなる）。
5. 4を鍋に移し、塩、白こしょうで味を調え、弱火で温める。
6. 皿に盛り、好みでマイクロトマトを飾る。

＊北欧には、木曜日に豆のスープを食べる習慣があり、街中のカフェなどでもよく食べられています。

作り方
1. リーキまたは長ねぎは青い部分を除き、みじん切りにする。玉ねぎもみじん切りにする。じゃがいもは皮をむき、ひと口大に切る。
2. 鍋にバターを熱し、1のリーキまたは長ねぎ、玉ねぎを焦がさないように炒める。
3. 1のじゃがいもを加え、表面に油分がまわるまで少し炒める。
4. 水、固形スープの素を入れ、じゃがいもがやわらかくなるまで弱火でゆっくりと煮る。
5. すべての野菜を取り出し、ミキサーまたはフードプロセッサーで撹拌し、ピューレ状にする。
6. 5を鍋に戻して温め、生クリームを加えて混ぜ、塩、白こしょうで味を調える（スモークサーモンに塩気があるので、スープは薄味でよい）。
7. 皿に盛り、スモークサーモン、好みですりおろしたホースラディッシュをのせ、ディルを飾る。

＊冷製にしてもおいしいです。

ヤンソンさんの誘惑

スウェーデン料理の大定番。僧侶のヤンソンさんも、
掟を破って食べてしまったことから、この名前がつけられました。

材料　作りやすい分量
じゃがいも……3個
玉ねぎ……1個
アンチョビフィレ……10枚
バター……大さじ2
生クリーム……300㎖
牛乳……50㎖
オールスパイスパウダー……大さじ1
パン粉……½カップ

下準備
● オーブンを180℃に予熱しておく。

作り方
1. じゃがいもは皮をむき、約3mmの太さの千切りにする。
2. 玉ねぎは繊維を断ち切るように薄切りにし(**a**)、バター大さじ1でしんなりするまで炒める。
3. 耐熱容器の内側に残りのバターを塗り、じゃがいもの半量を敷き詰め、玉ねぎを広げる。
4. アンチョビフィレを等間隔に並べ(**b**)、残りのじゃがいもを上からかぶせる。
5. オールスパイスパウダーをまんべんなく振る。
6. 生クリームと牛乳を混ぜ合わせ、⅔量を5に注ぎ入れる。
7. 表面にパン粉をまんべんなく振る。
8. オーブンで20分ほど焼く。
9. 残りの生クリームと牛乳を加え、さらに20分ほど焼く。表面に焼き色が少しついたらでき上がり。

＊少量より、なるべくたくさん作るほうがおいしいです。アンチョビフィレの量は好みで増やしてください。

a
繊維に対して垂直に切ることで、火が入りやすくなり具材に溶け込む

b
均等に並べることで、どこを食べてもバランスのとれた味になる

ディルポテト

北欧の食卓には欠かせない、定番のつけ合わせ。
ポテトチップスに刻んだディルを加えてもおいしい。

材料　作りやすい分量
新じゃが……10〜15個
ディル（みじん切り）……大さじ1
塩……大さじ2

作り方
1. じゃがいもは皮つきのまま塩ゆでする（塩は分量外）。
2. ゆで上がったら皮をむいて粗熱を取り、ディルと塩をまぶす。

＊普通のじゃがいも作れます。3〜5個を使い、4つ割りにしてゆでます。
＊ゆでる際の塩の量は多めにしましょう。お湯の量はじゃがいもが隠れるくらいで充分です。

フィッティパンナ（残り野菜の炒め物）

冷蔵庫の残り物で作る、金曜日の定番レシピ。
肉類、じゃがいも、卵を使うのが絶対ルールです。

材料　2人分
ソーセージ……200g
じゃがいも……2個
にんじん……½本
玉ねぎ……½個
ズッキーニ……½本
バター……50g
タイム……少々
にんにく（みじん切りまたはつぶす）
……½かけ
塩、こしょう……各少々

卵黄……1個分
ビーツ（ゆでたものまたは酢漬け、好みで）
……適量

作り方

1. ソーセージは厚さ5mm〜1cmに切る。じゃがいも、にんじんは皮をむき、1cm角に切る。玉ねぎは5mm角に切る。ズッキーニは1cm角に切る。

2. フライパンにバター25gを熱し、1のソーセージを炒める。にんにくを加えて香りを出す。ボウルなどにあけておく。

3. フライパンに残りのバターを熱し、じゃがいもを炒め、半分ほど火が通ったら、残りの野菜を加えてさらに炒める。

4. 2を戻し入れ、塩、こしょうで味を調える。タイムを加えて混ぜる。

5. 皿に盛り、卵黄をのせ、好みでビーツを添える。卵黄を全体に混ぜていただく。

＊ソーセージはハム、ベーコン、豚肉でも代用できます。今回はトナカイのソーセージを使いました。
＊野菜は好みのもの（きのこ、セロリ、なすなど）を使ってください。
＊生卵が苦手な場合は、火を通したもの（ゆで卵や目玉焼きなど）でいいので、卵を添えてください。

 **保存食いろいろ**

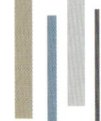

冬の寒さが厳しい北欧では、春から秋にとれる食材で、
さまざまな保存食を作る知恵が古くから伝わってきました。
自家製ピクルスは、なんとりんごを使います。甘酸っぱさが特徴で、肉料理の添え物に活躍。
リンゴンベリーのジャムも、北欧の食卓には欠かせません。
ハーブの香りがきいた香草バターは、いろいろな料理に使えて便利です。
保存がきくだけではなく、もちろんおいしい。そんなレシピをご紹介します。

●自家製ピクルス

材料　作りやすい分量
りんご（薄切り、紅玉など酸味のあるものがおすすめ）……1個
パプリカ（4等分に切る）……1個
酢……300ml
砂糖……80g
塩……10g
唐辛子……½本

作り方
1．鍋に酢、砂糖、塩を入れ、砂糖が完全に溶けるまで火にかける（吹きこぼれないように注意）。
2．1が熱いうちに、りんご、パプリカを入れる。
3．粗熱が取れたら、煮沸消毒した保存容器に入れる。

＊辛いのが好きなら1で唐辛子も一緒に加熱します。少し抑えた辛みが好きなら、3で粗熱が取れてから入れます。
＊りんご、パプリカのほかに、きのこ、キャベツ、きゅうり、カブ、大根、にんじん、みょうがなど、好みの野菜で作れます。
＊冷蔵庫で3週間ほど保存可能。

●リンゴンベリーのジャム

材料　作りやすい分量
リンゴンベリー……300g
砂糖……250g
赤ワイン……300ml

作り方
1．鍋に赤ワインを入れて火にかけ、アルコールを飛ばす（沸騰したところにライターなどで火をつけ、火が消えたらアルコールが飛んだ印）。
2．砂糖を加えて完全に溶かし、⅔量ほどになるまで弱火で煮詰める。
3．リンゴンベリーを加え、すぐに火を止める。
4．粗熱が取れたら、煮沸消毒した保存容器に入れる。

＊リンゴンベリーが手に入らなければ、ブルーベリーやラズベリーなどで代用できますが、煮崩れしやすいので注意してください。
＊冷蔵庫で3週間ほど保存可能。

●香草バター

材料　作りやすい分量
バター……250g
バジル……8～10g
イタリアンパセリ……8～10g
にんにく……小1かけ
パン粉……50g
レモン汁……大さじ1
オリーブオイル……大さじ2
こしょう……少々

作り方
1．バターは室温に戻し、やわらかくしておく。
2．バジル、イタリアンパセリは、フードプロセッサーなどで細かくすりつぶす。
3．2のハーブに1のバターを加え、全体が緑色になるまでよく混ぜ合わせる。
4．つぶしたにんにく、パン粉、レモン汁、オリーブオイルを入れ、さらによく混ぜる。こしょうで味を調える。

＊トーストに塗ったり、野菜や魚介類のオーブン焼きに使ったり、用途はいろいろあります。
＊ラップやオーブンシートなどで包み、棒状に成形すると、使いやすくて便利です。
＊冷蔵庫で1ヵ月、冷凍庫なら3ヵ月以上（風味が抜けるまで）保存可能。

第 2 章

魚料理

定番のサーモンやニシン、小エビは個性的なソースで特徴を出します。
ほかにも、カジキマグロやイワシなど、日々の献立に使えそうなレシピばかり。

どちらもスウェーデン料理に
欠かせない料理。
冬の寒さが厳しいので、
保存食として重宝されています。

ニシンのマリネ　マスタードソース

サーモンマリネ　マスタードソース

サーモンマリネ　マスタードソース

材料　作りやすい分量
生鮭（3枚おろし、皮つき、
生食可能なもの）……1kg
塩……50g
砂糖……100g
白こしょう……5g
ディル（みじん切り）……10g

北欧風マスタードソース……適量
ディル、ゆでたじゃがいも、
ケッパーベリー（好みで）……適量

作り方

1. 塩、砂糖、白こしょうを混ぜ合わせておく。
2. 生鮭の小骨を取り除き、1を擦りこむ（身：皮が7：3の割合）。
3. ディルをまぶす（**a**）。
4. 身の面を下にして容器に入れ、冷蔵庫に2昼夜おく（途中で出てきた水分はそのままにする）。
5. 皮を切らないように、身だけを薄くそぎ切りにして（頭のほうから尾にかけてそぐと、筋が当たらず食感がよくなる）、北欧風マスタードソース、好みでディル、ゆでたじゃがいも、ケッパーベリーを添える。

＊塩：砂糖は1：2の割合です。
＊冷蔵庫で1週間ほど保存可能（冷凍庫でも可）。

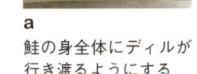
a
鮭の身全体にディルが
行き渡るようにする

ニシンのマリネ　マスタードソース

材料　2人分
ニシン（3枚おろし）……6枚（3尾分）
塩……適量
赤玉ねぎ……1個
きゅうり……1本

マリネ液
白ワインビネガー……180㎖
オールスパイス（ホール）
……5g
砂糖……100g
白こしょう（ホール）……2g
ディル（みじん切り）……10g
ローリエ……1枚
水……250㎖

北欧風マスタードソース……適量
ディル、ゆでたじゃがいも、
サニーレタス（好みで）……適量

作り方
1．ニシンは皮を引き、身に塩をまんべんなく振り（表面が少し白くなるくらい）、容器に並べ、冷蔵庫に1日置く。
2．出てきた臭みのある水分を捨て、ニシンの塩を流水で洗い流し、水気を拭き取る。
3．マリネ液を作る。鍋に水以外の材料を入れ、砂糖が完全に溶けるまで火にかける（吹きこぼれないように注意）。
4．3に水を加え、そのまま冷ます。
5．赤玉ねぎは繊維を断ち切るように薄切りにし、きゅうりは5㎜角に切る。
6．4のマリネ液に2のニシン、5の野菜を漬け、冷蔵庫に1日置く（**b**）。
7．ニシンをひと口大のそぎ切りにし、北欧風マスタードソース、5の野菜のマリネ、好みでディル、ゆでたじゃがいも、サニーレタスを添える。

＊生のニシンが手に入らないときは、イワシなどの青魚で代用できます。生臭さが出やすいので、1、2を丁寧にしてください。
＊アクアビットジャパン（P80）で下処理済み＆酢漬けのニシンが購入可。それにこのレシピの漬け汁で味をつけると手軽に作れます。
＊3のオールスパイス、白こしょう、ローリエは、実際には食べないので、だし用のパックに入れておくと便利です。

b
マリネ液が全体に漬かるように、魚がぴったりと入る容器がよい

魚料理やサラダに使える！
北欧風マスタードソース

材料　作りやすい分量
粒マスタード……50g
フレンチマスタード……50g
砂糖……50g
サラダ油……50㎖
酢……50㎖
こしょう……少々
ディル（みじん切り）……10g

作り方
1．粒マスタード、フレンチマスタード、砂糖をよく混ぜ合わせる。
2．サラダ油、酢を2回に分けて加え、その都度、分離しないようによく混ぜる。
3．こしょう、ディルを加えて混ぜる。
＊好みでハチミツを加えてもよいです。
＊ディルの代わりにディルウィードを使っても。

サーモンマリネが余ったら……
サーモンプディング

材料　作りやすい分量
サーモンマリネ……6切れ
ゆでたじゃがいも……中1個
卵……1個
生クリーム……40㎖
バター……大さじ1
ディル（みじん切り）……適量

下準備
●オーブンを180℃に予熱しておく。

作り方
1．サーモンマリネとゆでたじゃがいもは薄切りにする。
2．深めの耐熱皿にサーモンマリネを、隙間なくきっちりと敷き詰める。
3．ゆでたじゃがいもを上に並べる。
4．2、3を繰り返し、3～4段にする（底と表面がサーモンになるようにする）。
5．卵を溶きほぐし、生クリームを加えて混ぜ合わせる。
6．4の具材がちょうど隠れるくらいに、5をひたひたに注ぎ入れる。
7．オーブンで、中までしっかり火が通るまで20～30分焼く（串などを刺して、液体がついてこなければOK）。
8．食べる直前に、少し焦げるぐらいまでバターを火にかけ、7にまわしかける。ディルを散らす。
＊ディルの代わりにディルウィードを使っても。
＊温製、冷製のどちらもおいしいです。

魚料理

ポーチドサーモン

ゆでたサーモンはしっとりとした食感に。
大きな塊で作って、くずしながら食べるのがスウェーデン流。

材料　作りやすい分量
生鮭の切り身（皮つきがおすすめ）
……200g
ディル（みじん切り）……大さじ2
レモンスライス……1枚
オールスパイス（ホール）……10粒ほど
塩……適量

北欧風マヨネーズ（P11）……適量
レモンスライス、ディル（好みで）
……適量

作り方
1. 生鮭が丸ごと入る大きさの鍋に、生鮭が完全にひたるくらいのたっぷりの水を入れて沸騰させる。
2. 水が約10％の濃度になる量の塩を加える。
3. 塩が完全に溶けたら、ディル、レモンスライス、オールスパイスを入れ、さらに沸騰させる。
4. 生鮭を入れ、完全に火が通るまで中火で煮る。
5. 火が通ったら鮭を取り出す（皮つきの場合は、皮を引く）。
6. 皿に北欧風マヨネーズを敷き、5をのせ、好みでレモンスライス、ディルを飾る。

小エビとアボカドのサラダ

おなじみの食材、ゆで甘エビを使った爽やかなレシピ。
アンチョビドレッシングのコクがきいています。

材料　2人分
甘エビ（ゆでたもの、殻はむく）……50g
アボカド……½個
きゅうり……¼本
アンチョビドレッシング（P11）
……大さじ2
塩、こしょう……各少々
ディル（みじん切り）……大さじ1

北欧風マヨネーズ（P11）……大さじ1
レモンスライス、ディル（好みで）
……適量
玉ねぎ、トレビス、ルッコラ（好みで）
……適量

作り方
1. きゅうりは薄い輪切りにして、軽く塩をして、よくもむ（きゅうりは歯ごたえを楽しむためのものなので、形は崩れてもよい）。しんなりしたら塩を流水で洗い流し、水気を拭き取る。アボカドは2㎝角に切る。
2. 甘エビ、アボカド、きゅうりをアンチョビドレッシングで和える。
3. 塩、こしょうで味を調え、ディルを混ぜる。
4. 器に盛り、北欧風マヨネーズをかける。好みでレモンスライス、ディル、玉ねぎの薄切り、トレビス、ルッコラの千切りを添える。

＊北欧産のゆで甘エビを使っていますが、ほかのエビでも代用できます。
＊アボカドを器にするとかわいいです。縦に包丁を入れ、種に当たったらくるりと回転させて、2つに割ります。種に包丁の直角の部分を刺し、90度回転させると外れます。

魚料理 23

カキのグラタン

乳製品に恵まれた北欧らしい一品。
たっぷりのカキにディルの風味がよく合います。

材料　2人分
- カキ（大粒のもの）……10粒
- にんにく……½かけ
- バター……大さじ2
- ブランデー……小さじ1
- 小麦粉……大さじ½
- 生クリーム……200ml
- 塩、こしょう……各少々
- ディル（みじん切り）……大さじ1
- チーズ（好みで）……適量

作り方
1. フライパンにバター大さじ1を熱して溶かし、つぶしたにんにくを入れる。
2. にんにくの香りが立つまで熱し（焦げないように注意）、カキを入れて8割ほど火が通るまで炒める。ブランデーを振り、一気にアルコール分を飛ばす（フランベ）。
3. 別の鍋に残りのバターを熱して溶かし、小麦粉を入れてダマにならないように混ぜる。
4. 2のカキを汁、にんにくごと3に加え、カキの身をつぶさないようにからめる。
5. 生クリームを加え、とろみがつくまで弱火で煮る。
6. 塩、こしょうで味を調え、ディルを加える。
7. 耐熱容器に入れ（a）、好みでチーズをのせて、オーブンで表面がきつね色になるまで焼く。

＊チーズはゴーダチーズ2：グラナ・パダーノ1：エダムチーズ1の割合で混ぜたものを使っていますが、ナチュラルチーズよりも手に入れやすいプロセスチーズでもOKです。

a
カキが重ならないように、まんべんなく広げる

カジキマグロのソテー アンチョビ白ワインソース

しっとりと仕上げた、淡泊な味わいのカジキマグロを、コクがあり、香り高いクリームソースでいただきます。

材料　2人分
カジキマグロ(切り身)
……80g×4切れ
塩、こしょう……各少々
小麦粉……少々
玉ねぎ(みじん切り)……大さじ2
にんにく……小1かけ
アンチョビフィレ(みじん切り)
……4枚
バター……大さじ2
白ワイン……50ml
生クリーム……50ml
ケッパー(好みで)*……10粒ほど

*ケッパー
花の蕾を酢漬けにしたもの。塩漬けにしたものを使うときは、水につけるなどして塩抜きしましょう。

作り方
1．カジキマグロに塩、こしょう、小麦粉を振っておく。
2．フライパンにバターを入れ、玉ねぎ、つぶしたにんにくを加え、弱火でゆっくりと熱する。香りが立ってきたらアンチョビフィレを入れる。
3．全体に火が回ってきたら、1のカジキマグロを玉ねぎやアンチョビの上に並べて焼く。身の縁が少し白くなってきたら返す。
4．8割ほど火が通ったら白ワインを入れ、少しゆすりながら汁が白濁するまで身に火を通す(乳化させる)。
5．弱火にして生クリームを加えて全体にからめ、ケッパーを散らす。

イワシの香草パン粉焼き

イワシのおいしさに、ほんのりとチーズがきいています。
温かいままでも、冷たくしてもおいしい。

材料　作りやすい分量
真イワシ……5〜6尾
オリーブオイル……80mℓ
パン粉……100g
パルメザンチーズ（すりおろし）
……50g
イタリアンパセリ（みじん切り）
……大さじ2
バジル（みじん切り）……大さじ2
ディル（みじん切り）……大さじ1
にんにく……小1かけ
グリーンオリーブ……5〜6個
こしょう……少々

下準備
● オーブンを170℃に予熱しておく。

作り方
1. 真イワシはうろこ、頭、内臓を取り除いて3枚におろし、約1cm幅に切る。中骨についた身も、スプーンなどでこそいで取っておく。
2. ボウルにオリーブオイル40mℓ、パン粉、チーズ、ハーブ類を入れ、よく混ぜる。つぶしたにんにくを加える。
3. グリーンオリーブの種を取って細かく刻み、1のイワシと一緒に2に加えて混ぜる。こしょうも加えて混ぜる。
4. 耐熱皿（パイ型やタルト型など）に入れ、上から少し押さえるようにして、きっちりと入れる。
5. 残りのオリーブオイルをまわしかける。
6. オーブンで20分焼き、さらに200℃に上げて10分焼く。

フィスクブラール（フィッシュボールのクリームソースがけ）

ミートボールと並ぶ、北欧の名物料理。
ふんわりとしたフィッシュボールに、濃厚なホワイトソースがよく合います。

材料　作りやすい分量
白身魚のすり身……200g
卵白……1個分
玉ねぎ（みじん切り）……1/4個
ディル（みじん切り）……大さじ1
生クリーム……80mℓ
バター……大さじ2
小麦粉……小さじ1
フュメ・ド・ポワソン（魚のだし）……20mℓ
白ワイン……50mℓ
塩、こしょう……各少々

ゆでたじゃがいも、ディルのみじん切り（好みで）
……適量

作り方
1. フライパンにバター大さじ1を熱し、少し透明になるくらいまで玉ねぎを炒め、冷ましておく。
2. 白身魚のすり身をフードプロセッサーにかけ、卵白を加えて混ぜる。玉ねぎ、ディルを加えて混ぜる。
3. 塩、こしょう、生クリーム20mℓを加えて混ぜる。
4. 鍋にお湯を沸騰させ、3をスプーンで約3cm大にすくって入れ、ゆでる。
5. ゆで上がったら浮いてくるので、取り出す。
6. 別の鍋に白ワインを入れて火にかけ、半分くらいの量になるまで煮詰める（アルコールを飛ばすため、ワインに点火するくらいの中火で。ワインの火が消えたら、アルコールが飛んだ印）。
7. 白ワインを一度取り出し、その鍋に残りのバターを入れて、弱火にかけて溶かす。
8. 小麦粉を加え、ペースト状になるまで混ぜ合わせる。
9. 白ワインを戻し入れ、残りの生クリームを加えて混ぜる。
10. フュメ・ド・ポワソン、塩、こしょうで味を調える。
11. 5のフィッシュボールを入れ、全体にからめる。
12. 皿に盛り、好みでゆでたじゃがいもを添え、ディルのみじん切りを散らす。

北欧のお酒

寒いところに住む北欧の人たちは、お酒をよく飲みます。
ウォッカやアクアビット、ホットワインといった、
アルコール度数の高いものがメイン。
日本でも寒い地域では酒造が盛んですが、北欧も同様と言えるのかもしれません。
おいしい料理には、おいしいお酒を。
家庭での食事を楽しくしてくれるドリンクをご紹介します。

主流なのはウォッカで、北欧でもスウェーデン、フィンランド、ノルウェーで伝統的に造られてきました。元々は穀物や輸入ワインを原料として、粗っぽく蒸留されていましたが、現代では水と小麦だけで造ったクリアな味わいが特徴です。
さまざまな料理との相性がよいですが、特にニシンやサーモン、ザリガニなどの甲殻類との相性がよいとされています。
写真は「アブソルート ウオッカ」で、1879年からスウェーデンで作られており、世界中で飲まれているウォッカ。麦のリッチで複雑な香りの中に、ほのかにドライフルーツの香りが感じられます。完璧という意味の「アブソルート」が表すとおり、プレミアムウォッカとして世界中で親しまれている逸品。ほかにもレモン、オレンジ、カシス、バニラ、ミルクなどの風味をつけたものもあります。

アクアビットも有名です。樽熟成によるじゃがいもの蒸留酒で、アルコール度数40度以上。ラテン語で「生命の泉」という意味をもっています。ハーブやスパイスなどで香りづけされているのでややクセがあり、慣れないうちは飲みづらいかもしれません。
ドイツではワインと同様にぶどうを使いますが、北欧では手に入れやすいじゃがいもで造られるようになりました。魚料理との相性がよいとされています。冷凍庫でキンキンに冷やしておき、背の高いグラスに入れ、ビールをチェイサーに飲むのが主流です。アクアビットの歌があり、歌ったあとに「スコール（乾杯）」という掛け声と共に一気飲みするのが本場流。
写真は「スコーネ アクアビット」で、スウェーデンのスコーネ地方で造られており、最もポピュラーなアクアビットのひとつ。

日本ではなじみのないプンシュ。北欧で作られた蒸留酒、砂糖、水、香料で作られた伝統的なリキュールです。プンシュは英語では「パンチ」といい、これは柑橘の果汁を混ぜた飲みものを表しています（ちなみに、ポン酢の「ポン」はオランダ語で柑橘類の果汁を意味する「pons（ポンス）」を語源としています）。
飲む直前にほかのものと混ぜて温めていたため、最初は温かいまま供されていました。その後、アクアビットのように冷やして飲むという方法が主流に。ただし、冬の間、スウェーデンのエンドウ豆スープと合わせて出されるときは、温めて飲むのが習慣です。
写真は「カールスハムス・フラッグプンシュ」。甘みがあるので、デザートワインとして食後に楽しんだり、アイスクリームにかけてもおいしくいただけます。

クリスマスの時期に飲まれるのが「グロッグ」で、赤ワインにシナモンやカルダモンなどのスパイスをきかせて温かくして飲む、甘いホットワインです。レシピはさまざまありますが、欠かせないのはレーズンと砕いたアーモンド。スプーンで沈んでいるレーズンやアーモンドをすくって食べながら飲みます。
家に来客があったときのウェルカムドリンクとしても親しまれており、子ども用にノンアルコールのものも販売されているほど国民的な飲み物です。写真のような絵柄つきの、小さなグラスに入れるのが主流。
写真は「グロッグ レッド」。オレンジ、カルダモン、クローブの香りがすでについている状態で売っているので、レーズンとアーモンドを入れれば、家庭でも気軽にグロッグを楽しむことができます。

材料　作りやすい分量
赤ワイン……750mℓ
オレンジ……1個
レーズン……20粒
アーモンド（種なしスライスあるいは砕いたもの）……10粒分
カルダモン……5〜6粒
クローブ……20粒
砂糖……大さじ3
ブランデー……大さじ3

作り方
1．オレンジの皮の上からクローブを突き刺す。
2．すべての材料を鍋に入れ、弱火で30分ほど煮る（煮立たせすぎるとアルコールが飛ぶ）。
3．粗熱が取れたら、密閉容器に入れ、冷蔵庫で保存する。

＊赤ワインは、なるべくフルボディータイプのしっかりしたものを使ってください。値段は安いもので構いません。
＊オレンジに刺すクローブは、そのまま模様になるのでデザインすると楽しいです。
＊ノンアルコールにしたければ、2で煮る際にアルコールを飛ばすとよいです。
＊スパイスの香りが少ないほうが好みなら、冷蔵庫に入れる前にスパイスだけ取り出します。オレンジ、レーズン、アーモンドはそのまま入れておきましょう。
＊密閉容器に入れ、冷蔵庫で3週間ほど保存可能。

第 3 章

肉料理

絶対にはずせないミートボールは、ぜひ本場の味を試してみてください。
フライパン1つでできるものや、クリスマス料理など、バラエティ豊かにご紹介。

ショットブラール (スウェーデン風スパイシーミートボール)

世界中で知られている、国民的スウェーデン料理。
甘じょっぱい味付けが、日本人の舌にもよく合います。

材料　作りやすい分量

牛ひき肉 (合いびきでも可) ……500g
玉ねぎ (みじん切り) ……½個
オールスパイス (パウダー) ……大さじ 1
こしょう……小さじ 1
ナツメグ (パウダー) ……小さじ 1
カイエンペッパー (パウダー) (好みで)
……ごく少々
パン粉……50g
卵……1 個
牛乳……50mℓ
バター……40g
塩……小さじ 1
デミグラスソース (市販品) ……大さじ 2

リンゴンベリージャム……適量
マッシュポテト、ピクルス (好みで)
……適量
ビーツ (ゆでたものまたは酢漬け、好みで)
……適量

作り方

1. フライパンにバター 20g を熱し、少し透明になるくらいまで玉ねぎを炒めて、冷ましておく。
2. パン粉、卵、牛乳を混ぜ、パン粉をふやかしておく。
3. 大きめのボウルに、ひき肉、**1** の玉ねぎ、**2** のパン粉、スパイス類、塩を入れ、よくこねる。全体的にねばりが出てくるまで、均等によくこねる。
4. 小さじ 1 程度を味見用に取り、電子レンジなどで加熱して味を見る (加熱を充分に行うこと)。塩、スパイスで味を調える。
5. ひと口大の大きさに丸める (1 個あたり 30〜40g)。
6. フライパンに残りのバターを熱し、**5** を入れて中火で表面を焼く。焼き色がついたら弱火にし、ふたをして中まで火を通す。
7. 余分な油を捨ててから、**6** のフライパンにデミグラスソースを入れ、全体にからめる。
8. 皿に盛り、リンゴンベリージャムをかける。好みで、マッシュポテト、ピクルス、ビーツを添える。

* 肉の量が多いので、一度に作って冷凍しておくのがおすすめ。その場合は、**6** で 6〜7 割ほど火が通った状態で冷凍保存します。使うときは、解凍してから **7** 以降に進みます。こうすると、**7** で火を通しても固くなりません。

* リンゴンベリージャムはイケアやアクアビットジャパンなどの、北欧食材を扱う店で購入できます。なければ、ほかのベリー系のジャムでも代用できます。

肉料理　33

鶏肉のスウェーデン風煮込み

スパイスとディルの風味に、酢の酸味をきかせて、
バターたっぷり濃厚ソースもさっぱりといただけます。

材料　4人分
鶏もも肉（大きめの塊）……500g
オールスパイス（パウダー）……大さじ1
塩、こしょう……各少々
玉ねぎ……2個
にんにく……小1かけ
バター……150g
ディル（みじん切り）……大さじ4
酢……50㎖
砂糖……大さじ2
生クリーム……150㎖

ディル、ゆでたじゃがいも（好みで）
……適量

作り方
1. 鶏肉を4等分に切り分け、オールスパイス、塩、こしょうをまぶす。玉ねぎは1㎝角に切る。
2. 少し大きめの鍋に1の玉ねぎ、バター、つぶしたにんにくを入れ、火にかける。バターが溶けたら、玉ねぎの上に1の鶏肉をのせる（混ぜない）。
3. ふたをして、鶏肉に充分火が通るまで焦がさないように、15分ほど弱火で蒸し煮にする（食材の水分で煮込めるので水は不要）。
4. 火が通ったら、鍋から鶏肉を取り出す。
5. 別の鍋に酢を入れて火にかけ、砂糖を加えて溶かす。
6. 4の鍋に5を入れて混ぜ、生クリームを加えてフードプロセッサーまたはミキサーにかける。さらに目の細かい漉し器で漉す。
7. 鍋に6のソース、4で取り出した鶏肉を入れ、火にかけて温める。ディルを加えて混ぜる。
8. 皿に盛り、好みでディル、ゆでたじゃがいもを添える。

北欧風カツレツ

カツレツはヨーロッパ全般で親しまれています。
うまみと香りの濃厚なブルーチーズを使うのが北欧風。

a 切り離さないように端を残して、肉を広げるように切る
b 均等な厚さになるように、叩き伸ばしていく
c ブルーチーズをはみ出さないように中心にのせ、丁寧に包む

材料　1皿分

- 牛フィレ肉またはロース肉(塊)……100g
- ブルーチーズ……15g
- 塩、こしょう……各少々
- 小麦粉……大さじ1
- 卵……1個
- パン粉……30g
- 玉ねぎ(みじん切り)……¼個
- しめじ……¼パック
- バター……大さじ2
- デミグラスソース(市販品)……50㎖
- 生クリーム……50㎖

マッシュポテト、マイクロトマト、レモンスライス(好みで)……適量

作り方

1. 牛肉は厚みが半分になるように切り、大きく広げる(**a**)。ミートハンマーなどで叩き、3倍くらいの大きさに伸ばす(**b**)。
2. 中心にブルーチーズをのせて挟む(**c**)。
3. 表面に塩、こしょうをして、小麦粉を全体に薄くまぶす。溶いた卵をつけ、パン粉をまぶす。さらにもう一度、溶き卵をつけ、パン粉をまぶす(2度づけすることで、空気の層ができて、でき上がりがフワッとする)。
4. フライパンにバターを中火で熱し、ジュワジュワとしてきたら、3の肉を入れる。
5. 1～2分そのまま置き、弱火にして肉を返す。バターをスプーンなどですくい、肉の上からまわしかける(バターの油分が泡を立てて、クリーミーな感じになってくる)。片面50回ほどを目安に、両面にバターをかける。
6. 肉を軽く押し、透明な肉汁が出てきたら火が通った印。皿に盛る。
7. 6のフライパンのバターを少し残して捨て、玉ねぎ、しめじを炒める。デミグラスソース、生クリームを加えて火を通し、塩、こしょうで味を調えてソースを作る。
8. 皿に盛った6の肉にソースをかけ、好みでマッシュポテト、マイクロトマト、レモンスライスを添える。

＊牛肉は、入手できるのであれば仔牛肉を使ってください。

肉料理　35

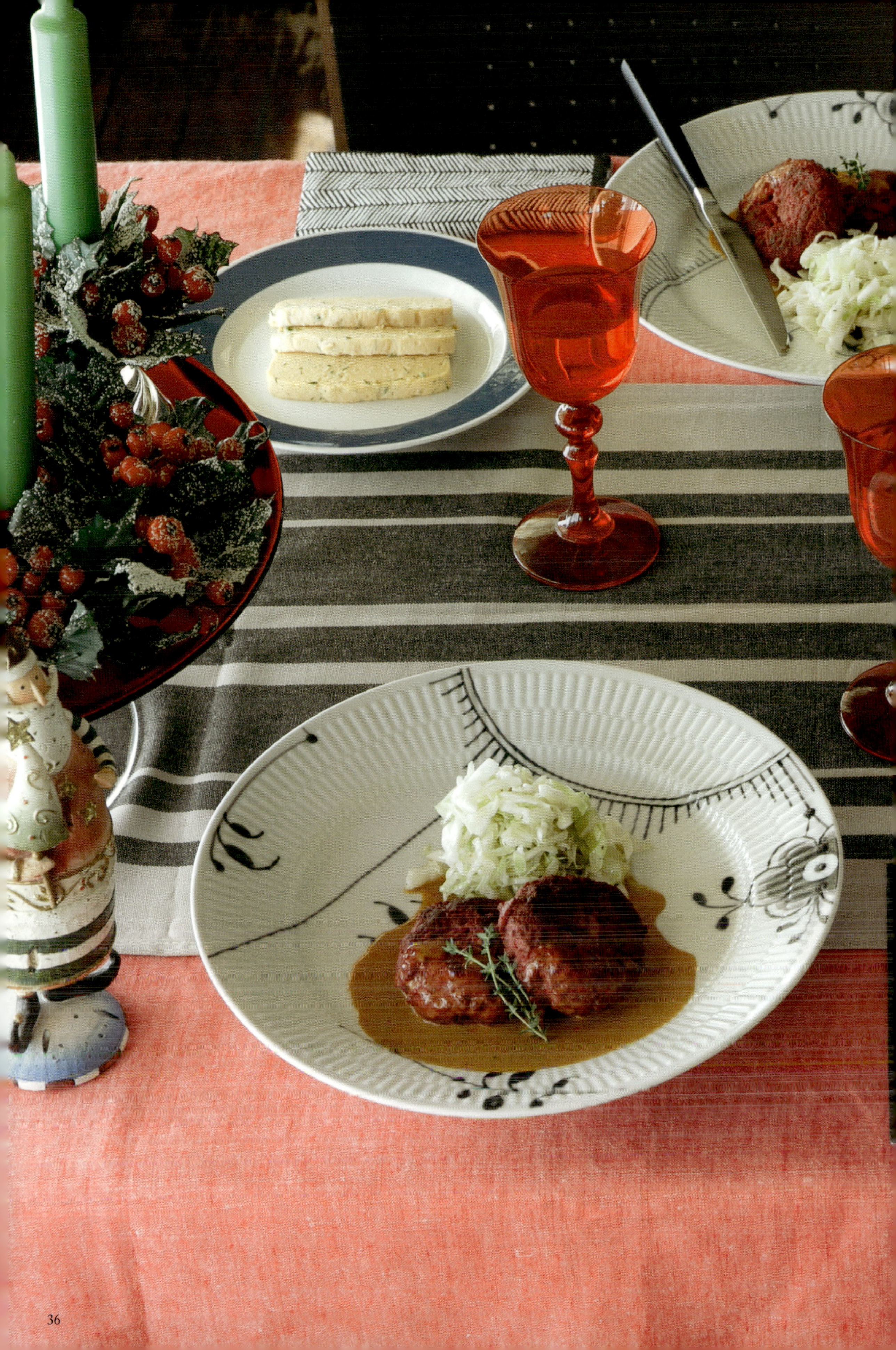

クリスマスにいただく北欧のお料理

クリスマスにいただく北欧のお料理

スモークサーモンテリーヌ

サーモンをたっぷり使い、濃厚な味わいが楽しめる一品。
美しいピンク色が、パーティーを華やかに彩ります。

材料　4人分
スモークサーモン……200g
卵……1個
生クリーム……50㎖
ディルまたはエストラゴン（みじん切り）……小さじ1
白こしょう……少々
グリーンペッパー（あれば）……10粒ほど

下準備
● オーブンを180℃に予熱しておく。

作り方
1. スモークサーモンは、あれば皮を取り除く。フードプロセッサーに入れ、粘り気が出て、全体がなめらかになるまで丁寧に撹拌する。
2. 卵を加え、さらによく混ぜる（少し白っぽくなってくる）。
3. 生クリームを2回に分けて加え、その都度混ぜる。
4. ディルまたはエストラゴン、白こしょう、あればグリーンペッパーを軽くつぶして加え、全体をよく混ぜる。
5. 耐熱性の型（テリーヌ型など）にラップやオーブンシートを敷き、4を入れる（a）。
6. 型をバットなどに入れ、容器の半分ほどの高さまで熱湯を張り、天板にのせる。
7. オーブンで15～20分蒸し焼きにする。
8. 粗熱が取れたら冷蔵庫で冷やし、切り分ける。

a
ぴっちりと平らに敷くと、
仕上がりがキレイになる

ビーツ入り赤いハンバーグ

ハンバーグ料理はドイツ以北にはよくありますが、
ビーツ入りの真っ赤なものは、スウェーデンならでは！

材料　作りやすい分量
牛ひき肉（合いびきでも可）……500g
ビーツ（直径約10cmのもの）……1個（市販の缶詰なら2缶）
玉ねぎ（みじん切り）……½個
卵……1個
パン粉……½カップ
牛乳……100㎖
デミグラスソース（市販品）……200㎖
オールスパイス（パウダー）……大さじ1
ナツメグ（パウダー）……小さじ1
バター……大さじ1
塩、こしょう……各少々
サラダ油……大さじ1

タイム（好みで）……適量
キャベツのアンチョビドレッシングサラダ（P10）……適量

ユールフィンカ (クリスマスハム)

家族で過ごすクリスマスに欠かせないメイン料理です。
リンゴンベリージャムやマスタードなどを添えていただきます。

作り方

1. ビーツを皮ごとゆでる（缶詰の場合は不要）。真ん中に串を通して、スッと通ったらOK。皮をむき、みじん切りにする。
2. フライパンにバターを熱し、玉ねぎをしんなりするまで炒め、冷ましておく。
3. パン粉に卵、牛乳を入れて混ぜ合わせ、少し置いてふやかす。
4. 大きめのボウルに、ひき肉、**1**のビーツ、**2**の玉ねぎ、**3**のパン粉、オールスパイス、ナツメグ、塩、こしょうを入れ、よくこねる。
5. 8～10等分にし、小判形に形を整える（**a**）。サラダ油を熱したフライパンに入れ、中火で焼く。少し焼き色がついてきたら、弱火にしてひっくり返す。串を通して透明な肉汁が出てきたらOK。
6. デミグラスソースを加え、1～2分煮る。
7. 皿に盛り、好みでタイムを飾り、キャベツのアンチョビドレッシングサラダを添える。

a 本当に真っ赤だが、焼くと茶色くなり、赤みがやわらぐ

材料　作りやすい分量

クリスマスハム＊……1kg
クローブ……5～10粒
卵……1個
パン粉……½カップ
フレンチマスタード……大さじ3
砂糖……大さじ2

リンゴンベリージャム、フレンチマスタード（好みで）……適量

＊クリスマスハム
豚肉を数週間かけて塩漬け、熟成させたもので、アクアビットジャパンで購入できます。通常のハムと違い、スモークされていません。市販のボンレスハムの塊などで代用できます。

下準備

● オーブンを100～120℃に予熱しておく。

作り方

1. クリスマスハムにクローブをまんべんなく突き刺す。
2. オーブンで20分温める（電子レンジでも可、温かくなればOK）。そのあと、オーブンを200℃に予熱しておく。
3. 卵、パン粉（大さじ2を残す）、フレンチマスタード、砂糖を混ぜ合わせ、**2**のハムの表面すべてに塗る。残したパン粉をまぶす。
4. オーブンで20分ほど焼く。表面がカリッとしたらでき上がり（**a**）。好みでリンゴンベリージャム、フレンチマスタードを添える。

a 表面がカリッとして、マスタードが香ばしくなる

Column 北欧ならではの料理の知恵

気候が厳しく、食材には限りのある北欧。
P6で述べたように、北欧の料理はいわば「保存食」です。
食材をいかにもたせるか、活用するかということに力を注いできました。
それでも、限られた条件のなかで、
あれだけおいしいものを作り出す北欧の人たちには驚き!
ほんの一部ですが、具体例をご紹介します。

例えば塩漬け。代表格であるアンチョビは、海が凍る冬の前にとれたスプラットイワシを、塩とオイルに漬け込んだものです。こうすることで生の魚を長期保存でき、かつ、おいしく食べることができます。
P14「ヤンソンさんの誘惑」は、北欧の知恵が詰まった料理のひとつ。諸説ありますが、長い航海の際、船にある食材だけで作ったことが始まりとされています。じゃがいもとアンチョビは保存食として船に積まれており、乳牛も乗せていたため牛乳も手に入る。その中でどうにかしておいしいものを、と生まれたのがこのレシピだとか。
ちなみに、スウェーデンのアンチョビは、日本では入手が難しいので、イタリアやスペイン製の一般的なもので代用してください。
P39のクリスマスハムも塩蔵食材の代表と言えます。

燻製も保存性をアップさせる知恵で、スモークサーモンはその代表食材。うなぎやニシンの燻製もよく見られます。食品に含まれる水分を減らして殺菌し、煙でコーティングすることで雑菌の侵入を防ぎます。

塩漬け以外にも、酢(甘酢)に漬けるというアイデアもあります。P21「ニシンのマリネ」のほか、きゅうりやビーツも酢漬けにします。
塩と砂糖をまぶし、まるで埋めるようにして数日間熟成させる調理法はとても北欧的。かつて、食材を保存する知恵から生まれました。こしょうやディルで風味付けします。P20「サーモンマリネ」はその代表。

砂糖をたっぷり加えて作るジャムは、フルーツを長期保存するのに適しています。P40「貧しき騎士のフレンチトースト」には2種類のベリーのジャムを添えました。
ちなみに「貧しき騎士のフレンチトースト」も、知恵がつまったレシピのひとつ。時間が経って固くなってしまったパンも捨てずに食べる……そんな発想から、このレシピが生まれました。シナモンを使って風味をプラスしているところが、なんともスウェーデン流。

第 4 章

パン・焼き菓子

シナモンロールやフレンチトーストなど、おなじみのパンも北欧テイストに。
シンプルな材料で作れるお菓子は素朴な味わいで、作りやすいものばかりです。

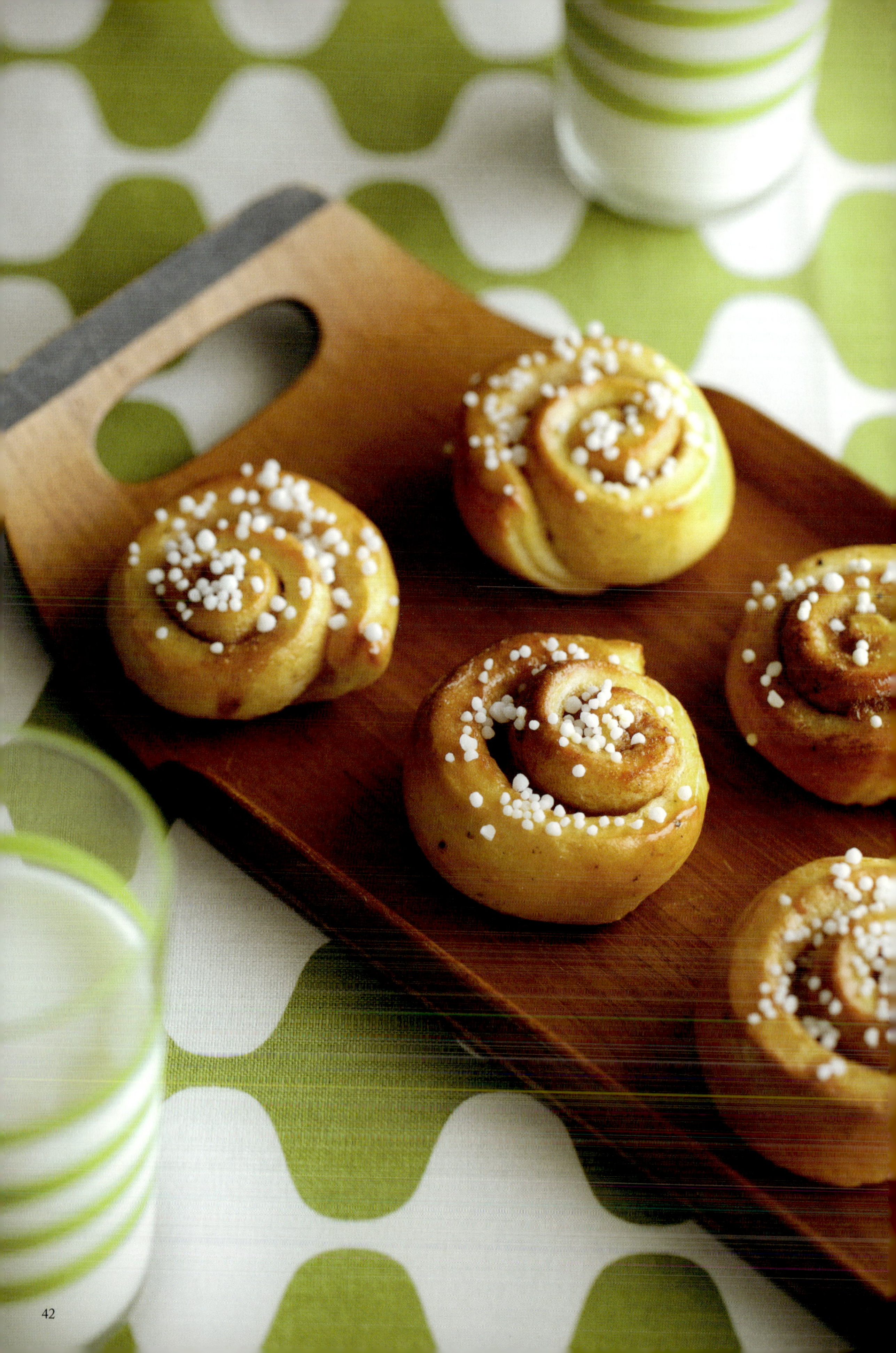

カネルブッラル (シナモンロール)

「フィーカ (P79参照)」の定番で子供から大人まで皆に愛され、スウェーデンを代表する菓子パン。
生地にカルダモン、フィリングにシナモンが入り、豊かな風味が楽しめます。

材料　約10個分

パン生地
薄力粉……105g
強力粉……105g
インスタントドライイースト……小さじ1
グラニュー糖……25g
塩……少々
カルダモン*……小さじ½
バター……35g
牛乳……125ml
溶き卵 (成形、仕上げ用)……適量

フィリング
バター……20g
グラニュー糖……20g
シナモンパウダー*……大さじ½

パールシュガー (トッピング用)……適量

＊カルダモン
さわやかな香りが特徴で、北欧ではお菓子の風味付けによく使われます。パウダーよりも、ホールを割って中の黒色の種子を取り出し、すり鉢などで砕いたものを使うのが一般的。味も香りもよくなります。

少し粒が残っているくらい、粗めで大丈夫

＊シナモンパウダー
シナモンの樹皮をパウダー状にしたもの。香りや風味をしっかりと楽しめます。セイロンシナモンがおすすめ。

下準備

- フィリングのバターを室温に戻し、グラニュー糖とシナモンパウダーを混ぜて練り込み、冷蔵庫に入れておく。
- カルダモンは、黒色の種子をすり鉢などで粗めにすりつぶすか挽いておく。
- 型 (グラシンケース) を準備しておく。
- 2次発酵の間に、オーブンを220～230℃に予熱しておく。

作り方

1. ボウルに薄力粉、強力粉、イースト、グラニュー糖、塩、カルダモンを入れ、均一になるように木ベラで軽く混ぜる。
2. 鍋にバターを入れて弱～中火で溶かし、牛乳を加えて40℃ほどになるまで温める。2～3回に分けて1に加え、その都度木ベラで混ぜる。
3. 生地がボウルから離れやすくなり、つややかでなめらかになるまで10分ほど強くこねる。
4. 大きめの布ふきんをかけてボウルをくるみ、なるべく温かい場所で30分ほど寝かせる。元の2倍ほどの大きさになったら、1次発酵は完了。
5. 作業台に打ち粉 (強力粉／分量外) をして、生地を軽くこね、めん棒で25cm×30cmの大きさに伸ばす。
6. 巻き終わりの端を1cmほどあけてフィリングを全体に塗り (**a**)、巻き終わり部分に溶き卵を塗って生地を巻く (**b**)。巻き終わり部分をしっかりとくっつけるようにする。
7. 巻き終わり部分を下にして置き、10等分に切ってグラシンケースに入れ (**c**)、天板にのせる。
8. 布ふきんをかけて、なるべく温かい場所で30分ほど寝かせる。元の2倍弱の大きさになったら、2次発酵は完了。
9. はけで溶き卵を塗り、パールシュガーを振りかける。
10. 表面に焼き色がつくまで、オーブンで10分ほど焼く。
11. ケーキクーラーにのせ、布ふきんをかけて冷ます。

＊生地がしっとりしているとおいしいので、オーブンから取り出したら、すぐにふきんをかぶせて冷まします。

a 端をあけてフィリングを薄く塗り広げる

b 締めすぎないようにくるくると生地を巻く

c 生地を丸い形に整えてのせるときれいに焼ける

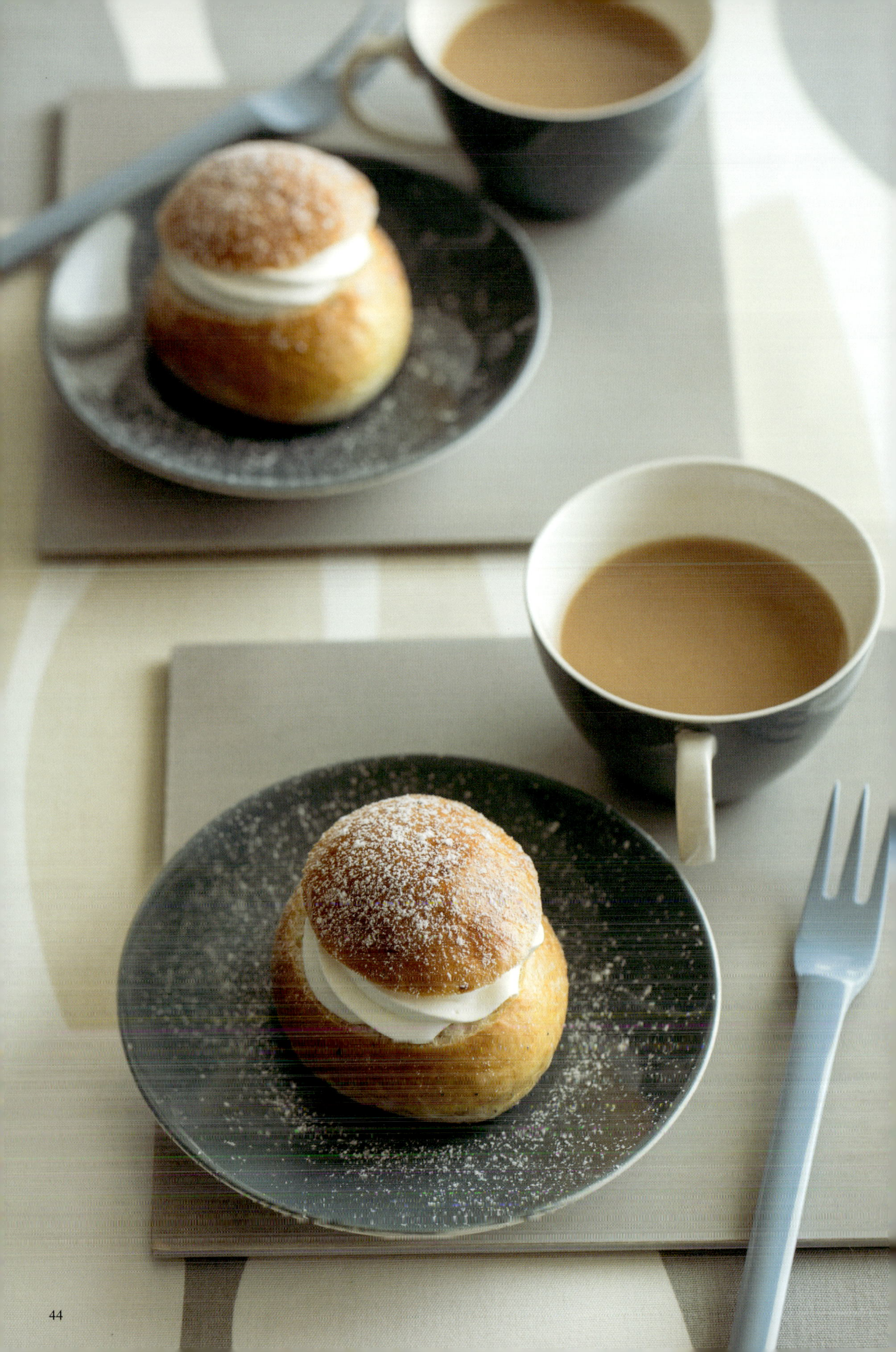

セムロール (アーモンドペーストと生クリームを詰めた菓子パン)

カルダモン風味のパンの中には、アーモンドペーストとホイップした生クリーム。
クリスマス後からイースター（復活祭）時期にかけて食べられる伝統的な菓子パンです。

材料　約6個分

パン生地

薄力粉……105g
強力粉……105g
インスタントドライイースト……小さじ1
グラニュー糖……25g
塩……少々
カルダモン (P43)……小さじ½
バター……30g
牛乳……125mℓ
卵……13g
溶き卵（仕上げ用）……適量

フィリング

アーモンド（皮付き）……50g
粉砂糖……30g
パンをくり抜いた中身……適量
牛乳……50mℓ
生クリーム……100mℓ

下準備

- カルダモンは、黒色の種子をすり鉢などで粗めにすりつぶすか挽いておく (P43参照)。
- アーモンドを沸騰したお湯で5〜7分ゆで、冷水にとり、皮をむいておく（生アーモンドは必ず加熱すること。風味は変わるがローストしてもよい）。
- 天板にオーブンシートを敷いておく。
- 2次発酵の間に、オーブンを220〜230℃に予熱しておく。

作り方

1. パン生地を作る。ボウルに薄力粉、強力粉、イースト、グラニュー糖、塩、カルダモンを入れ、均一になるように木ベラで軽く混ぜる。
2. 鍋にバターを入れて弱〜中火で溶かし、牛乳を加えて40℃ほどになるまで温める。2〜3回に分けて1に加え、その都度木ベラで混ぜる。
3. 卵を加えて混ぜ、生地がボウルから離れやすくなり、つややかでなめらかになるまで10分ほど強くこねる（**a**）（**b**）。
4. 大きめの布ふきんをかけてボウルをくるみ、なるべく温かい場所で30分ほど寝かせる。元の2倍ほどの大きさになったら、1次発酵は完了。
5. 作業台に打ち粉（強力粉／分量外）をして、生地を軽くこね、6等分にして丸める（**c**）。
6. 天板にのせて布ふきんをかけ、なるべく温かい場所で30分ほど寝かせる。元の2倍弱の大きさになったら、2次発酵は完了。
7. はけで溶き卵を塗り、表面に焼き色がつくまでオーブンで10分ほど焼く。
8. ケーキクーラーにのせ、布ふきんをかけてしっかりと冷ます。
9. 上から1cmの位置でパンを横に切り、縁から1cm残して中をくり抜く（**d**）。切り取った帽子の部分はとっておく。
10. フィリングを作る。アーモンド、粉砂糖、パンの中身、牛乳をフードプロセッサーにかけ、ペースト状にする。
11. 組み立てる。9のくり抜いた部分に10を詰める。
12. 生クリームを泡立てて絞り出し袋に入れ、11の上に絞る。9でとっておいた帽子部分をのせて、粉砂糖（分量外）を振りかける。

＊ホイップクリームの質感は、とろりとやわらかめのものから、固めのもの（8分立てくらい）まで好みでどうぞ。スウェーデンのパティスリーでは固めにホイップしたものがよく見られます。

a 作業台の上で数回こねて仕上げる

b 適度な弾力があり表面がつるんとした状態

c 高さが出るようにボール形に丸めるとよい

d 縁から1cm残し、スプーンでくり抜く

貧しき騎士のフレンチトースト

Fattiga riddareと呼ばれるスウェーデンのフレンチトーストは
直訳すれば「貧しい騎士」。
捨てるほど古く固くなったパンを使うため、この名前がついたそう。

材料　2人分

薄力粉……30g
塩……ひとつまみ
牛乳……150mℓ
卵……1個
バター……適量
シナモンパウダー……適量
グラニュー糖……適量
グーズベリージャム、クラウドベリージャム*
……適量
好みのパン……3〜4切れ

＊グーズベリージャム、クラウドベリージャム
グーズベリーは、セイヨウスグリとして知られる緑色のベリー。クラウドベリーは、ホロムイイチゴという名でも知られる、琥珀色をした希少価値の高いベリー。

下準備
- 卵、牛乳を室温に戻しておく。
- 薄力粉をふるっておく。

作り方

1. ボウルに薄力粉と塩を入れて均一になるよう軽く混ぜ、牛乳の半量を加えてダマにならないように泡立て器でよくかき混ぜる。
2. 残りの牛乳を加えて混ぜ、溶き卵も入れてさらに混ぜ、パンを30分ほど浸す。
3. フライパンにバターを入れて溶かし、きれいな焼き色がつくまで片面ずつ弱火で焼く。
4. 器に盛り、シナモンパウダーとグラニュー糖をかけて、ジャムを添える。

＊スウェーデンではシナモンシュガーを振りかけていただくのが定番で、ベリー類のジャムを添えていただきます。紹介したジャムがなければ、ほかのベリー類のジャムで代用できます。

＊牛乳と卵に、薄力粉も加えて卵液を作るレシピは、スウェーデンのフレンチトーストならではと言えるでしょう。

スコルポール（スウェーデンのビスコッティ）

スウェーデンらしくカルダモンとオーツ麦を使うレシピを選びました。
ザクザクとした食感で、香ばしく素朴な味わいの伝統菓子です。

材料　約20個分

バター……100g
グラニュー糖……40g
卵……50g
牛乳……100ml

A
- オーツ麦……105g
- 薄力粉……180g
- ベーキングパウダー……小さじ1½
- カルダモン（P43）……小さじ1

下準備

- バター、卵、牛乳を室温に戻しておく。
- 薄力粉とベーキングパウダーを合わせてふるっておく。
- カルダモンは、黒色の種子をすり鉢などで粗めにすりつぶすか挽いておく（P43参照）。
- 天板にオーブンシートを敷いておく。
- オーブンを200℃に予熱しておく。

作り方

1. Aの材料をボウルに入れ、混ぜ合わせる。
2. 別のボウルにバターを入れ、クリーム状になるまで泡立て器でよく混ぜる。グラニュー糖を加え、白っぽくなるまでよく混ぜ合わせ、溶き卵を2～3回に分けて加え、その都度混ぜ合わせる。
3. 1と牛乳を、2に交互に2～3回に分けて加え、その都度ゴムベラで混ぜる。
4. 3を2等分して、ゴムベラですくって天板にのせ、厚さ1.5cmほどになるように、それぞれ長い楕円形になるように整える（**a**）。
5. オーブンで20分ほど焼いて取り出し、生地が温かいうちに天板の上でそれぞれ10等分に斜めに切る（**b**）。
6. 切り口を上にして並べ（**c**）、再びオーブンに入れて200℃で20分ほど、乾燥するまで焼く。
7. ケーキクーラーにのせて冷ます。

＊密閉容器に入れて、湿気の少ない場所で保存してください。

a このときには、表面は平らでなくてもいい
b 同じ厚みになるように20等分に切る
c 生地どうしが重ならないように並べる

北欧の雑穀ブレッド

手軽に作れて、どっしりと食べ応えのあるパン。
ドライフルーツの甘みと麦や雑穀、シード類の香ばしさが楽しめます。

材料 21×12×7.5cm パウンド型・1台分

A
- アーモンド（皮無し）……20g
- アプリコット……40g
- オーツ麦、アマニ、ヒマワリ種（合わせて）……60g
- ライ麦粉（細挽）……55g
- グラハム粉（あるいは全粒粉）……30g
- 薄力粉……90g
- ベーキングパウダー……小さじ2
- 塩……小さじ¾

B
- 牛乳……150mℓ
- ギリシャヨーグルト……110g
- モラセスシロップ*……50mℓ

オーツ麦（トッピング用）……適量

＊モラセスシロップ
砂糖を精製するときに発生する、ミネラルなどの糖分以外の成分も含んだシロップ。独特の風味と深みのある色合いが特徴。甘味や風味を付けるほか、色付けの目的でも使われます。

下準備
- アーモンド、アプリコットは粗めに刻んでおく（a）。
- パウンド型にオーブンシートを敷き込む。
- オーブンを180℃に予熱しておく。

作り方
1. ボウルにAの材料を入れ、均一になるように混ぜる。
2. 別のボウルにBの牛乳とギリシャヨーグルトを入れ、ゴムベラでよく混ぜてなめらかにし、モラセスシロップを加えて混ぜ合わせ、1に加えて混ぜる。
3. 型に生地を流し込み、トッピング用のオーツ麦を散らし、オーブンで1時間20分ほど焼く。
4. 焼き上がったら、型から出してオーブンシートを外し、大きめの布ふきんで包み、ケーキクーラーにのせて冷ます。

a
アーモンドは1cm角、アプリコットは1.5cm角に切る

＊オーツ麦、アマニ、ヒマワリ種の代わりにシードミックスを使ってもよいです。
＊乳製品が豊富な北欧諸国。スウェーデンにはヨーグルトよりも酸味が少なく、ゆるめの質感のフィールミョルクという乳製品があります。ミューズリー（シリアル食品の種）にかけていただくほか、パンやお菓子作りにも使います。日本では手に入りにくいため、このレシピでは牛乳とギリシャヨーグルトで代用しました。

ソッケルカーカ (しっとりとしたスポンジケーキのような焼き菓子)

スウェーデン語の「ソッケルカーカ」は直訳すると「お砂糖のケーキ」。
友人を招いての、フィーカ(P79参照)の際によく作られる伝統菓子です。

材料 直径20cmの型(約1.5ℓ)・1台分
バター……50g
牛乳……100mℓ
薄力粉……180g
ベーキングパウダー……小さじ1½
カルダモン(P43)……小さじ2
卵……2個
グラニュー糖……180g

下準備
- 卵を室温に戻しておく。
- 薄力粉とベーキングパウダーを合わせてふるっておく。
- カルダモンは、黒色の種子をすり鉢などで粗めにすりつぶすか挽いておく(P43参照)。
- 型の内側にやわらかくしたバター(分量外)を薄く塗り、強力粉(分量外)をはたいて余分な粉を払い、冷蔵庫で冷やしておく。
- オーブンを170℃に予熱しておく。

作り方
1. 鍋にバターを入れて弱〜中火で溶かし、牛乳を加えて人肌くらいに温める。
2. 合わせた粉類にカルダモンを入れ、均一になるように混ぜ合わせる。
3. 別のボウルに卵とグラニュー糖を入れ、空気を含んで白っぽくもったりとするまでハンドミキサーで泡立てる(**a**)。
4. 3に2を数回に分けて入れ、その都度、粉気がなくなるまでゴムベラで底からすくうように混ぜる(**b**)。1を加え、同様に混ぜ合わせる。
5. 型に生地を流し込み、オーブンで35〜40分焼く。
6. 焼き上がったら、数分置いてから型から外し、ケーキクーラーにのせて冷ます。

＊スウェーデンでお菓子によく使われるカルダモンを入れたレシピを選びました。

＊型はパウンド型でもよいです。

a 羽根の中に生地が一瞬こもってから、ゆっくり落ちるくらいが目安

b 生地の気泡をつぶさないように、ゴムベラを大きく動かす

パン・焼き菓子 49

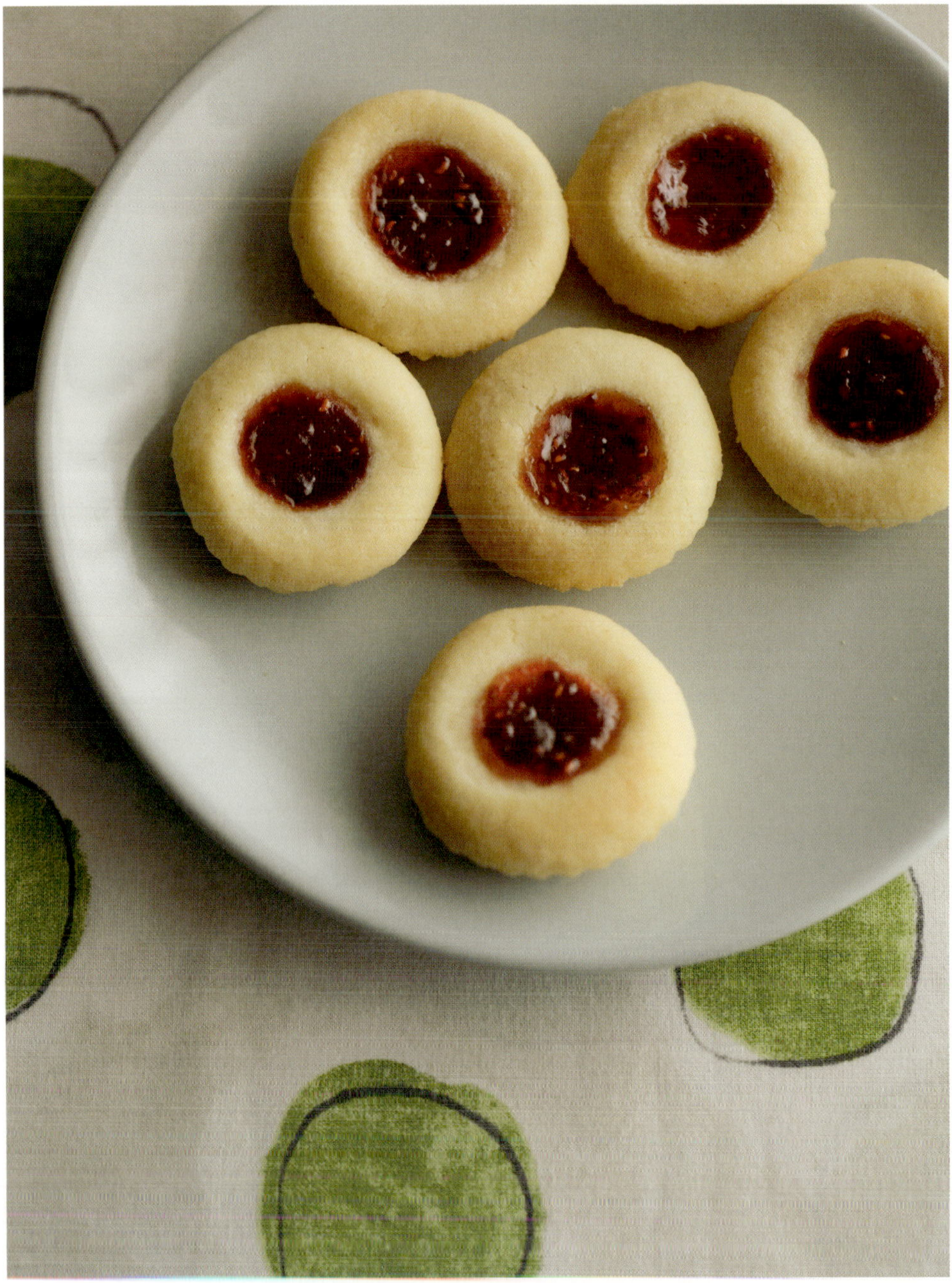

ハッロングロットル (真ん中にラズベリージャムをのせた焼き菓子)

スウェーデンでポピュラーなラズベリーのジャムを使った伝統菓子。
生地部分のバターとバニラシュガーの風味がとっても濃厚な焼き菓子です。

材料　約12個分
バター……70g
グラニュー糖……45g
バニラシュガー*……大さじ ½
薄力粉……120g
ベーキングパウダー……小さじ ½
ラズベリージャム……適量

＊バニラシュガー
砂糖にバニラエッセンスで香り付けした製菓材料。

下準備
- バターを室温に戻しておく。
- 薄力粉とベーキングパウダーを合わせてふるっておく。
- 型 (グラシンケース) を準備しておく。
- 焼く前に、オーブンを190℃に予熱しておく。

作り方
1. ボウルにバターを入れ、クリーム状になるまで泡立て器でよく混ぜる。グラニュー糖、バニラシュガーを加え、白っぽくなるまでよく混ぜ合わせる(a)。
2. 合わせた粉類を2～3回に分けて加え、その都度ゴムベラで混ぜる。
3. 生地がまとまったらラップで包み、冷蔵庫で30分ほど休ませる。
4. 生地を12等分にして丸める。
5. 丸めた生地の真ん中に指で穴を作り(b)、グラシンケースに入れ、それぞれ真ん中の穴に小さじ½ほどの分量のラズベリージャムを入れる(c)。天板にのせる。
6. オーブンで15分ほど焼く。
7. ケーキクーラーにのせて冷ます。

＊生地部分がとても甘いので、ジャムは甘さ控えめなものがおすすめ。
＊密閉容器に入れて、湿気の少ない場所で保存してください。

a バターが空気を含み、白っぽく、ふんわりとしている

b 丸めてから中央を指で押して穴を作る

c ジャムをこぼさないように丁寧に入れる

クリングロール（パン屋さんのマークの焼き菓子）

生クリーム入りの生地にパールシュガーのアクセントがきいた伝統菓子。
かつてパン屋さんの目印に使われていたため、現在でも看板によく描かれています。

材料　約10個分
バター……70g
生クリーム……大さじ2
薄力粉……120g

パールシュガー（トッピング用）……適量

下準備
- バターを室温に戻しておく。
- 薄力粉をふるっておく。
- 天板にオーブンシートを敷いておく。
- 焼く前に、オーブンを170℃に予熱しておく。

作り方
1. ボウルにバターを入れ、白っぽくなるまで泡立て器でよく混ぜる。
2. 生クリームを2～3回に分けて加え、その都度よく混ぜ合わせる。
3. 薄力粉を2～3回に分けて加え、その都度ゴムベラで混ぜる。生地がまとまったらラップで包み、冷蔵庫で30分～1時間休ませる。
4. 生地を10等分にして丸め(a)、長さ20cmほどの棒状に伸ばす(b)。クリングロールの形に成形する(c)。トッピング用のパールシュガーをまぶす。
5. 天板にのせ、オーブンで15分ほど焼く。
6. ケーキクーラーにのせて冷ます。

※ 4で成形しづらい場合は、さらに長めに冷蔵庫で休ませてください。
※ パールシュガーを皿などに広げて、そこに浸すようにすると、きれいにパールシュガーがつきます。
※ 密閉容器に入れて、湿気の少ない場所で保存してください。
※ デンマークでもスウェーデンでも、パン屋さんにはクリングロールが描かれています。

a 生地は、両手を使って丸める
b 指先で生地を転がして、細長く伸ばしていく 
c 生地を端から折り、途中で交差するようにする 

デンマークのパン屋さん　スウェーデンのパン屋さん

ドロンマル（「夢」という名前の焼き菓子）

スウェーデン語で「夢」という名前の、素朴な味わいの伝統菓子。
ひび割れた表面が特徴的で、ざくざくほろほろと崩れる食感のクッキーです。

材料　約16個分
バター……30g
グラニュー糖……30g
バニラシュガー（P51）……小さじ1
植物油（菜種油などクセのないもの）
……大さじ2
薄力粉……80g
ベーキングパウダー……小さじ½

下準備
- バターを室温に戻しておく。
- 薄力粉とベーキングパウダーを合わせてふるっておく。
- 天板にオーブンシートを敷いておく。
- オーブンを180℃に予熱しておく。

作り方
1. ボウルにバターを入れ、クリーム状になるまで泡立て器でよく混ぜる。グラニュー糖とバニラシュガーを加え、白っぽくなるまでよく混ぜ合わせる（P51参照）。
2. 植物油を2〜3回に分けて加え、その都度よく混ぜ合わせる。
3. 合わせた粉類を加え、ゴムベラでさっくりと混ぜ合わせる。
4. 生地を16等分にして丸め（P52参照）、間隔をあけて天板に並べる。
5. オーブンで12分ほど焼き、ケーキクーラーにのせて冷ます。

＊焼いている間に広がるので、ボール形に丸め、間隔をあけて並べるのがポイント。
＊密閉容器に入れて、湿気の少ない場所で保存してください。

パン・焼き菓子　53

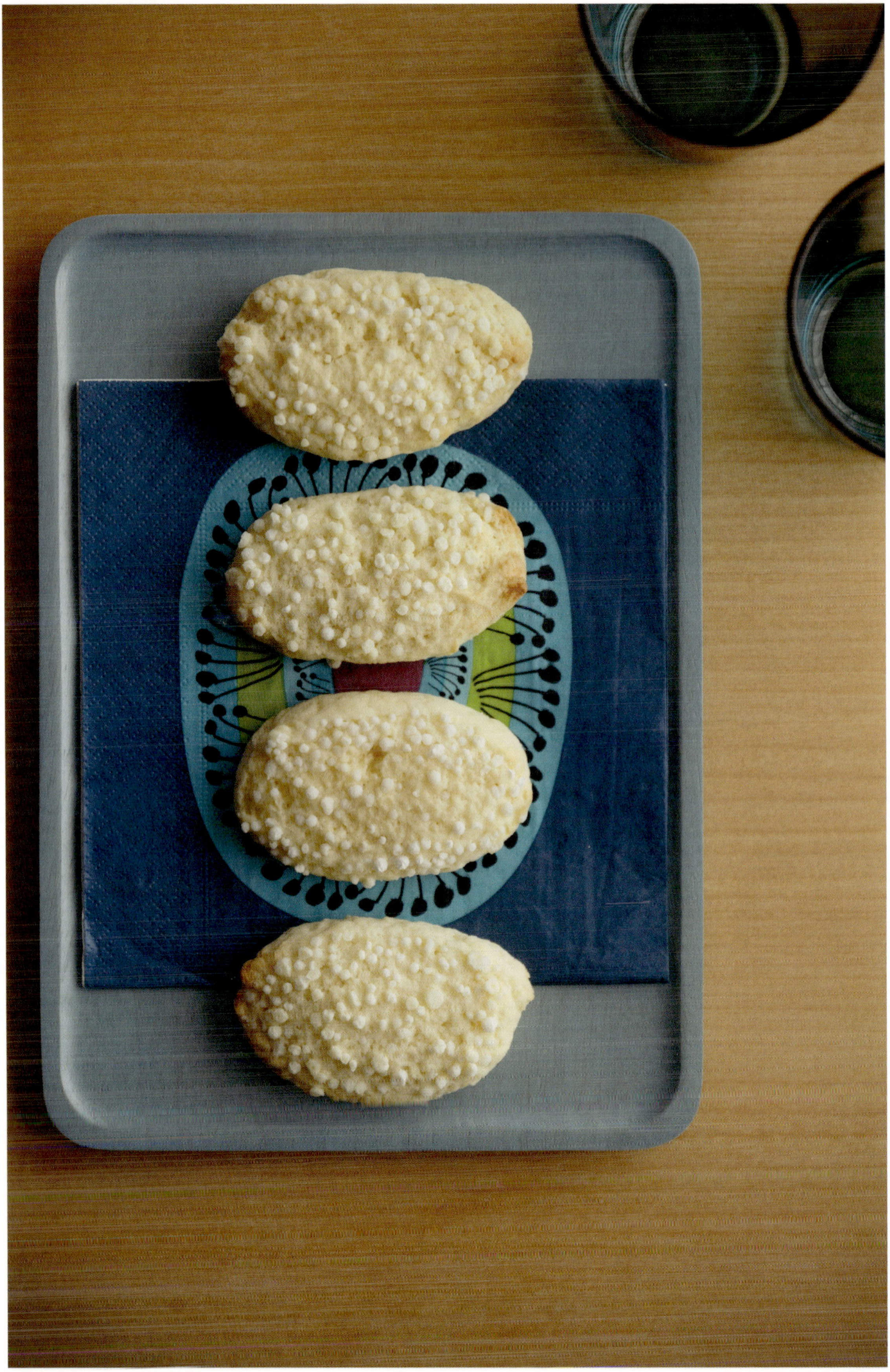

マンデルクッバル (アーモンドのスコーン風焼き菓子)

スコーンのような食感と控えめな甘さの、トッピングのパールシュガーがかわいらしい伝統菓子。
アーモンドをたっぷり使って香ばしく仕上げました。

材料　約16個分
バター……50g
アーモンド（皮無し）……20g
アーモンドオイル*……数滴
卵……25g
牛乳……70㎖

A｜薄力粉……210g
　｜ベーキングパウダー……小さじ2
　｜グラニュー糖……70g

パールシュガー（トッピング用）……適量

＊アーモンドオイル
アーモンドの香りがつけられる、製菓用の香料。焼き菓子や杏仁豆腐に使われることが多いです。

下準備
- アーモンドは刻んでおく。
- バターは1cm角に切り、冷蔵庫で冷やしておく。
- Aの材料を混ぜ合わせ、ふるっておく。
- 天板にオーブンシートを敷いておく。
- オーブンを200℃に予熱しておく。

作り方
1. ボウルにAとバターを入れ、切るようにしながらカードで混ぜる（a）。
2. バターが細かくなったら、アーモンドとアーモンドオイルを加えてゴムベラで混ぜる。
3. 溶き卵と牛乳を加え、練らないように手早く、粉気がなくなるまでさっくり混ぜてまとめる。
4. 台に打ち粉（強力粉／分量外）をして、生地を2等分にし、それぞれ長さ15cmほどの棒状に伸ばし、カードで8等分に切る。
5. 切った断面の片面のみにトッピング用のパールシュガーをまぶし（b）、天板にのせ、オーブンで10分ほど焼く。
6. ケーキクーラーにのせて冷ます。

＊4で成形しづらい場合はひとまとめにしてラップで包み、冷蔵庫に入れて30分〜1時間休ませてもよいです。
＊パールシュガーを皿などに広げて、そこに浸すようにすると、きれいにパールシュガーがつきます。
＊密閉容器に入れて、湿気の少ない場所で保存してください。
＊スウェーデンのレシピでは、ビターアーモンド（あるいはビターアーモンドオイル）を入れますが、日本では入手しづらいのでアーモンドオイルを使っています。

a カードを垂直に何度も下ろし、バターを切るように

b パールシュガーはカードで切った断面の片面のみにつける

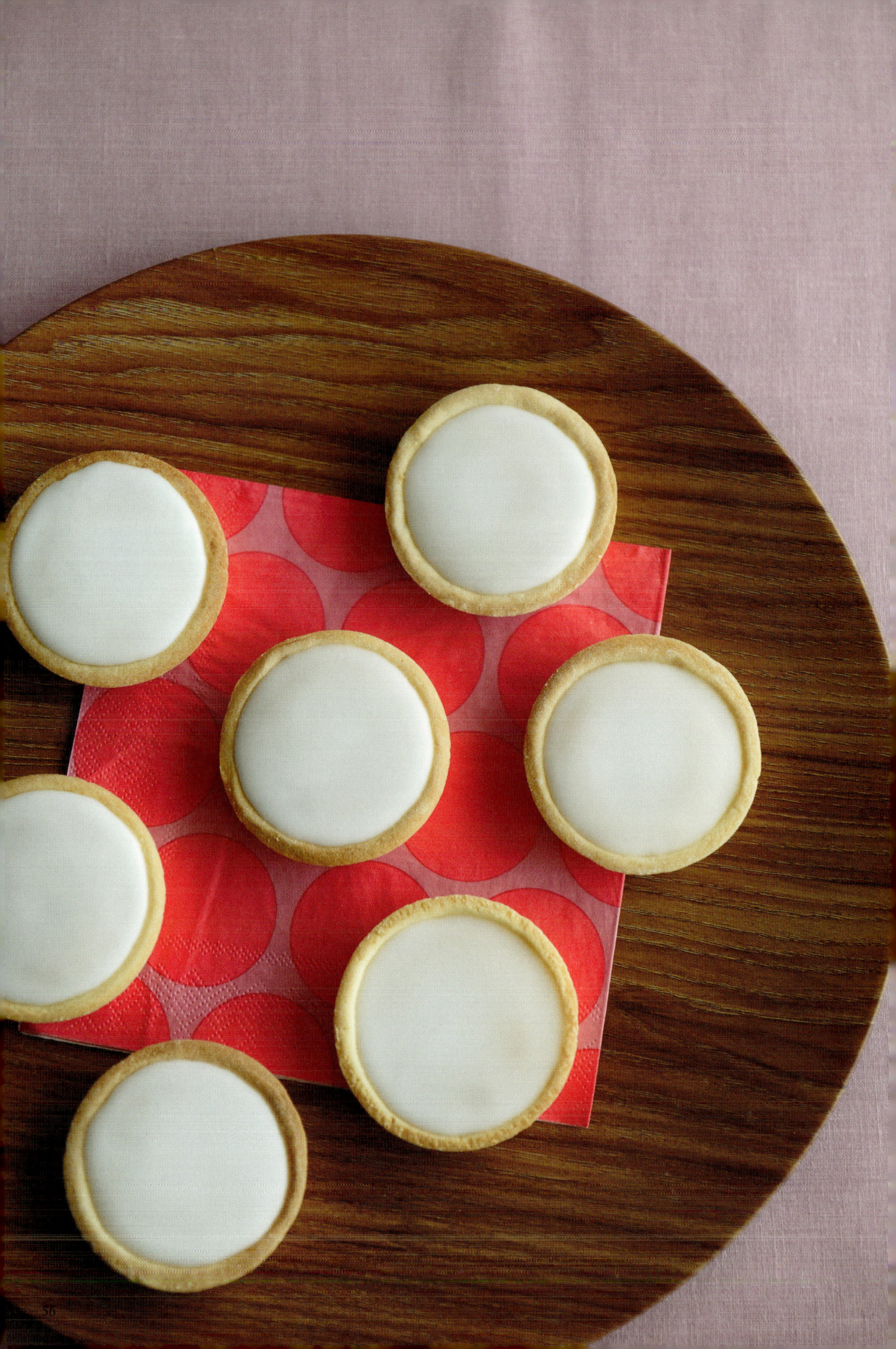

マサリネル (アーモンドペーストのタルト)

よくお菓子に使われる、アーモンドと砂糖を混ぜたペースト「マンデルマッサ」をタルトにしました。
ホールのアーモンドから手作りするペーストの味わいを楽しんでください。

材料 直径7cmのミラソン型・約10個分

タルト生地
バター……80g
粉砂糖……60g
卵……30g
薄力粉……180g
塩……ひとつまみ

フィリング
アーモンド(皮付き)……80g
グラニュー糖……75g
お湯……大さじ1
バター……40g
卵……50g

アイシング
粉砂糖……120g
ぬるま湯……大さじ1½

下準備
- バターを室温に戻しておく。
- 卵を室温に戻し、溶きほぐしておく(タルト生地用には塩を加えてほぐしておく)。
- 薄力粉をふるっておく。
- アーモンドを沸騰したお湯でゆで、冷水にとり、皮をむいておく。
- 焼く前に、オーブンを210℃に予熱しておく。

作り方

1. タルト生地を作る。ボウルにバターを入れ、クリーム状になるまで泡立て器でよく混ぜる。粉砂糖を2〜3回に分けて加え、その都度しっかりと混ぜ合わせる。
2. 溶き卵を2〜3回に分けて加え、よく混ぜる。薄力粉を2〜3回に分けて加え、ゴムベラで混ぜ合わせる。
3. きちんと混ざったら、ひとまとめにしてラップで包み、冷蔵庫で3時間ほど休ませる。
4. フィリングを作る。アーモンドとグラニュー糖をフードプロセッサーにかけ、お湯を2〜3回に分けて加えて混ぜ、粗めのペースト状にする。
5. バターを2〜3回に分けて加え、その都度混ぜる。溶き卵も2〜3回に分けて加えて混ぜ(a)、なめらかになったら冷蔵庫で休ませる。
6. 作業台に打ち粉(強力粉/分量外)をして、タルト生地をめん棒で厚さ2〜3mmに伸ばす。
7. タルト型に生地を敷き(b)、フォークで穴をあけ(空気穴をあける)、生地を冷蔵庫で30分ほど休ませる。
8. タルト型の⅔くらいまでフィリングを詰め、オーブンで17分ほど焼く。
9. オーブンから取り出して少し置き、オーブンシートを敷いた台の上で、ひっくり返して型から外す。そのまま完全に冷ます。
10. アイシングを作る。粉砂糖にぬるま湯を少しずつ加えながらよく混ぜてアイシングを作り(c)、9の上部の表面に塗る。アイシングが乾いたら完成。

＊密閉容器に入れて、湿気の少ない場所で保存してください。
＊本場のマサリネルはオバール型で高さのあるものが主流ですが、ここでは手に入れやすい円形のミラソン型を使用しています。

マンデルマッサについて

アーモンドと砂糖(卵白が入ることも)を混ぜてペーストにしたもの。マサリネルのフィリングは、マンデルマッサをベースとして、バターや全卵などを加えて作ります。

a 全体がしっかりと混ざり、なめらかな状態
b 生地を型の角にもしっかりと敷く 
c 混ぜていくうちになめらかになり、固さも出てくる

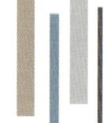

Column テーブルコーディネート術

家庭で食事をとることが多く、その時間を大切にしている北欧の人たち。
ナチュラルな木の質感を大切にした素朴なアイテムから、
デザイン性が高くカラフルなもの、ユニークなデザインのものまで……。
日本でも北欧雑貨は人気で、手軽に購入できます。
トータルは無理でも、小さなアイテムをひとつプラスするだけで、
食卓の雰囲気がぐっとオシャレに、かわいくなりますよ。

a

b

c

a まず最初はマグカップが手軽
スウェーデンの国旗にも使われている青色は、ぜひ取り入れてみてください。落ち着いた色合いを選べば、日本の食卓にもなじみます。
クロスは思い切って大胆な柄はいかが？ 料理や食器に合わせて気軽に替えられるのでおすすめ。

b いかにも北欧らしい木製のアイテム
サラダボウルのような器は、実は日本人の作家によるもの。北欧製でなくても、雰囲気を演出できます。
カッティングボード、バターナイフ、コースターには、スウェーデン伝統の民芸品「ダーラナホース」の印入りで、いかにも北欧らしい。

c 食卓にグリーンとカゴを
バスケットも北欧らしさを演出してくれるアイテム。観葉植物を入れれば、食卓にのせることもでき、お店のようなおしゃれっぽさが出ます。
ダーラナホースやキャンドルも、ポンと置くだけでかわいくなりますね。

第 5 章

デザート・おもてなし

北欧のデザートで、普段とは少し違うおもてなしをしてはいかがでしょう。
クリスマスにいただく伝統菓子で、本場の雰囲気を楽しむこともできます。

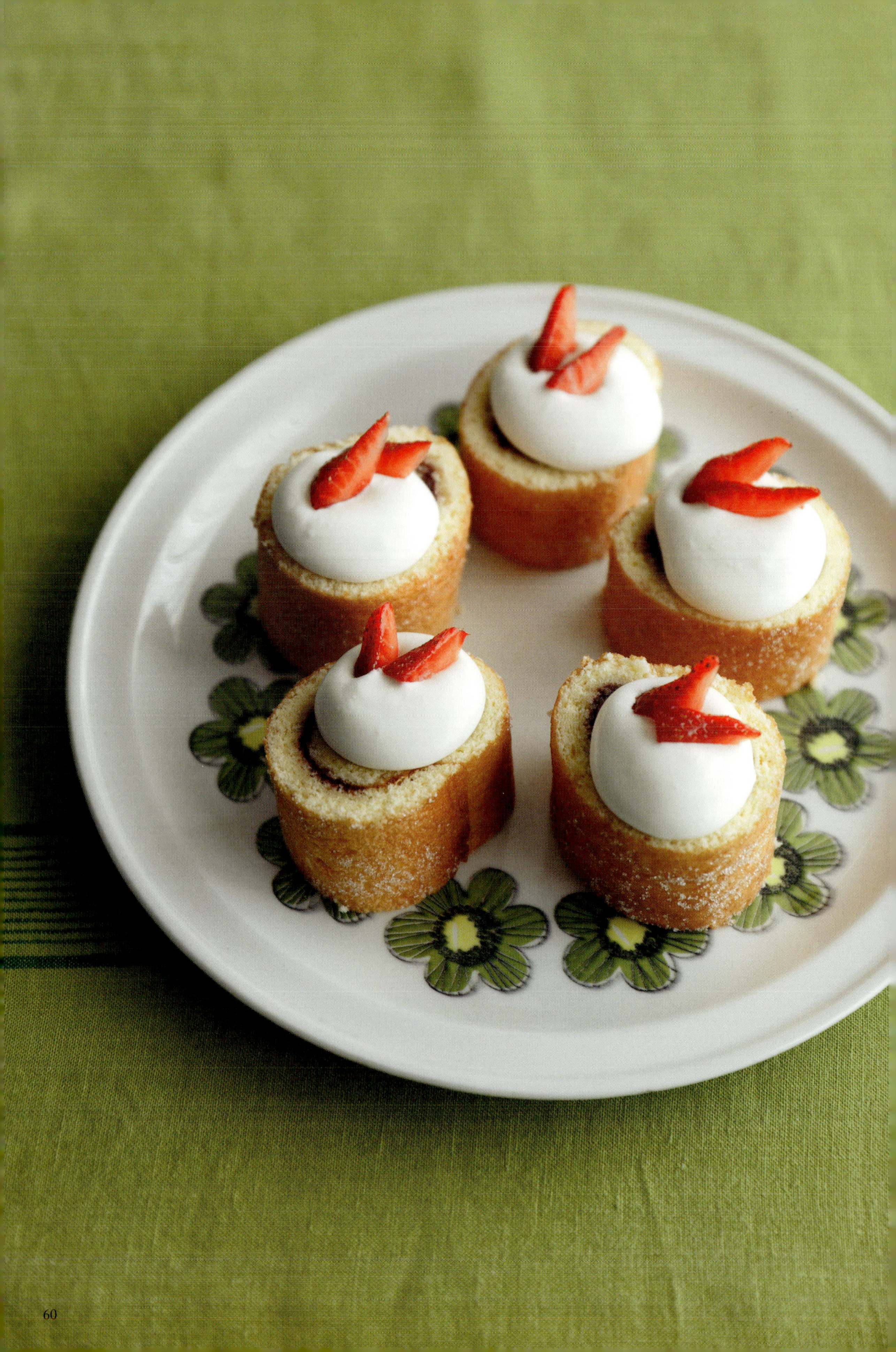

ミニロールケーキ

フィリングにクリームではなく、ジャムを使うのが伝統的なスタイル。
そのままでもおいしいですが、生クリームとお好みのベリー類を飾って仕上げます。

材料　6個（28×28cmのロールケーキ型・1台分）
卵……2個
グラニュー糖……75g
薄力粉……65g
ベーキングパウダー……小さじ½
牛乳……大さじ2

女王さまのジャム*……大さじ5
生クリーム……100ml
いちご……適量

＊女王さまのジャム
ブルーベリーとラズベリーを合わせたジャム（P4参照）。なければ手に入るベリー類のジャムで代用できます。

下準備
- 卵、牛乳を室温に戻しておく。
- 薄力粉とベーキングパウダーを合わせてふるっておく。
- 型にオーブンシートを敷き込む。
- 別のオーブンシートにグラニュー糖適量（分量外）を散らす。
- オーブンを250℃に予熱しておく。

作り方
1. ボウルに卵とグラニュー糖を入れ、空気を含んで白っぽくもったりとするまでハンドミキサーで泡立てる。
2. 合わせた粉類を加え、粉気がなくなるまでゴムベラで底からすくうように混ぜる。牛乳を入れて同様に混ぜ合わせる。
3. 型に生地を流し込み、カードを使って全体をならし、オーブンで7分ほど焼く。
4. 焼き上がったら、オーブンシートごと型から取り出し、熱いうちに側面のシートをはがし、ケーキクーラーにのせる。
5. 粗熱が取れたら、グラニュー糖適量（分量外）を散らしたシートの上にひっくり返し（**a**）、底面のシートをはずす（グラニュー糖がついていない面が上になる）。
6. 巻き終わりになる辺を斜めにそぎ落とし（**b**）、残りの3辺はまっすぐに切り落とす。
7. まだ温かいうちに、巻き終わり1cmほどを残してジャムを塗る。
8. まず芯を作るように少しだけ巻いてから、紙を持ち上げて手前から巻く（**c**）。巻き終わりが下になるようにして置き、上側の紙に薄いまな板や定規をあてて押さえながら下側の紙を引っ張り、ロールケーキを締めて形を整える（**d**）。冷蔵庫で30分ほど休ませる。
9. 生クリームを泡立てる。
10. ロールケーキを6等分し、生クリームをのせ、カットしたいちごを飾る。

＊いちご以外にも、ブルーベリーやラズベリーなど、ほかのベリーでもおいしい。

a 生地が割れないよう、慎重にひっくり返す

b ナイフを斜めに当て、端を切り落とす

c 紙を斜め上に引っ張りながら巻く

d まな板で押さえて、巻き具合を締める

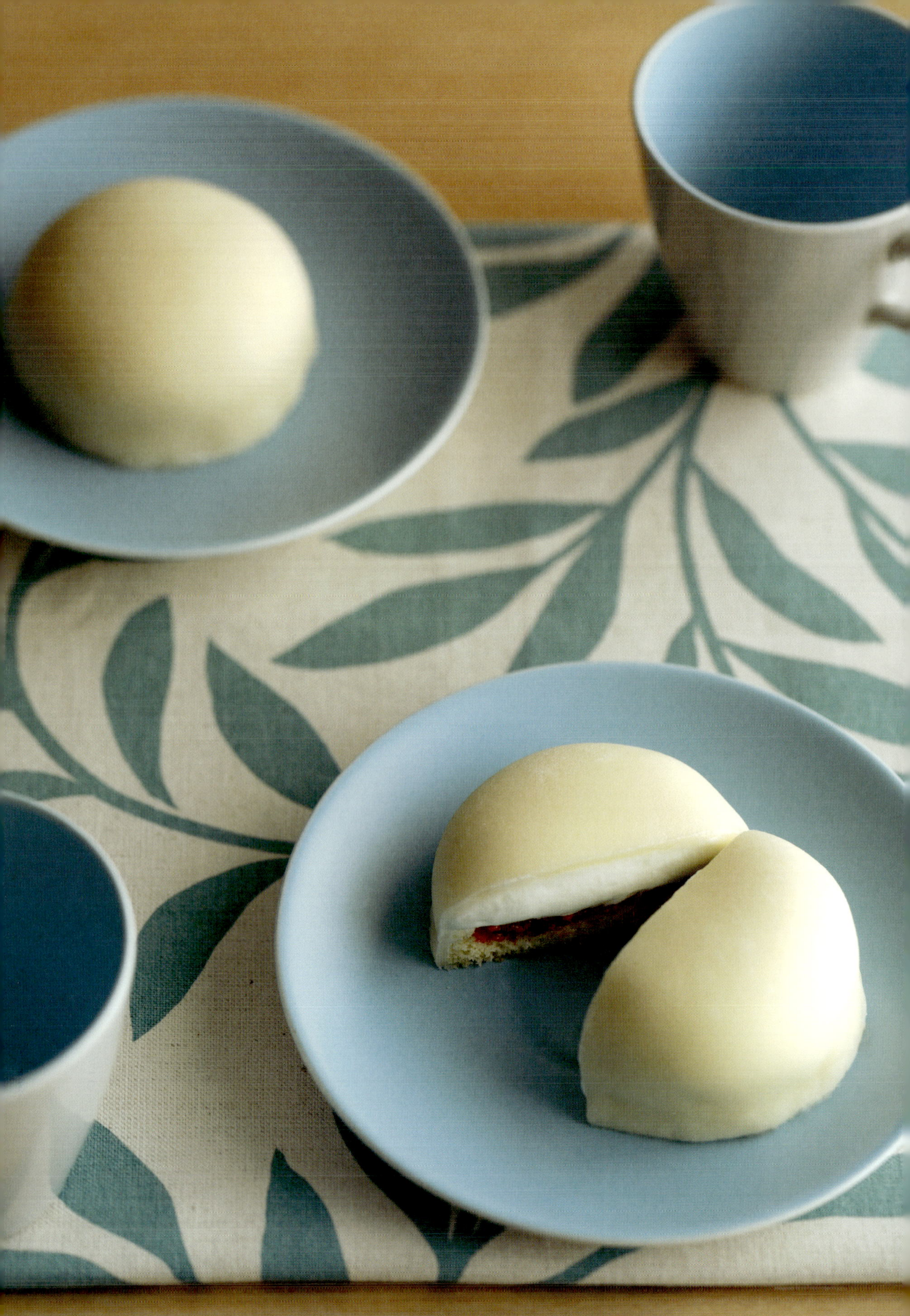

プリンセスバーケルセ (プリンセスケーキ)

スポンジ生地、ラズベリーフィリング、バニラクリーム、生クリームを重ねてマジパンで包んだケーキ。誕生日などのお祝いの席に欠かせません。かつてスウェーデンの王女たちが好んだことからこの名前に。

材料 直径7cm・8個分

スポンジ生地
卵……2個
グラニュー糖……90g
薄力粉……30g
片栗粉……40g
ベーキングパウダー……小さじ½

バニラクリーム（作りやすい分量）
牛乳……130㎖
バニラビーンズ……¼本
卵黄……1個分
グラニュー糖……大さじ1
片栗粉……大さじ1

生クリーム……400㎖
冷凍ラズベリー……60g
マジパン*……400g

＊マジパン
アーモンドと砂糖をペースト状にしたもの。プリンセスケーキには細工に適したマジパンを使用します。

下準備
- 卵を室温に戻しておく。
- スポンジ生地の薄力粉、片栗粉、ベーキングパウダーを合わせてふるっておく。
- 冷凍ラズベリーは自然解凍してフォークでつぶしておく（解凍の際に出る余分な水分は捨てる）。
- 型（18cm×18cm）にオーブンシートを敷き込んでおく。
- オーブンを170℃に予熱しておく。

作り方
1. スポンジ生地を作る。ボウルに卵とグラニュー糖を入れ、空気を含んで白っぽくもったりとするまでハンドミキサーで泡立てる。
2. 合わせた粉類を加え、粉気がなくなるまでゴムベラで底からすくうように混ぜる。
3. 型に生地を流し込み、オーブンで35分ほど焼く。
4. 焼き上がったら、型から出してオーブンシートをはがし、ケーキクーラーにのせて冷ます。横2枚に切り、直径7cmのセルクル型で抜いておく。
5. 生地を冷ましている間に、バニラクリームを作る。バニラビーンズを縦に裂き、中の種子を取り出す（a）。
6. 鍋に牛乳、5の種子とさやを入れて火にかける。
7. ボウルに卵黄を入れて泡立て器でほぐし、グラニュー糖を一度に加えてすぐによく混ぜ、片栗粉をふるい入れて混ぜる。
8. 6の牛乳が沸騰したら7に少量加えて溶き伸ばし、残りの牛乳を加えて混ぜる。漉して6の鍋に戻す。
9. 中火にかけ、泡立て器を絶えず動かして混ぜながら火を通し、沸騰し始めたら火を止める。
10. 容器に移し入れ、表面にぴったりラップをして（b）、底に氷水をあてて冷ます。
11. 生地を組み立てる。生クリームを固めに泡立てる（c）。
12. 10のバニラクリームをなめらかになるまでゴムベラで混ぜ、11の生クリームを少量加えて混ぜておく。
13. マジパンを8等分し、オーブンシート2枚ではさんで直径14cmほどにめん棒で伸ばす。
14. スポンジ生地にラズベリーを塗り、その上に12のバニラクリームを塗り、11の生クリームをドーム状にのせる。
15. マジパンをかぶせ、すそを整え（d）、余分なマジパンをパレットナイフで切り取る。

a さやを切り開き、ナイフの先を使って中の種子を取り出す

b 表面にラップをぴったりと密着させて冷ます

c 泡立て器で持ち上げるとツンと角ができるくらい

d きれいな丸形になるよう、すその生地を整える

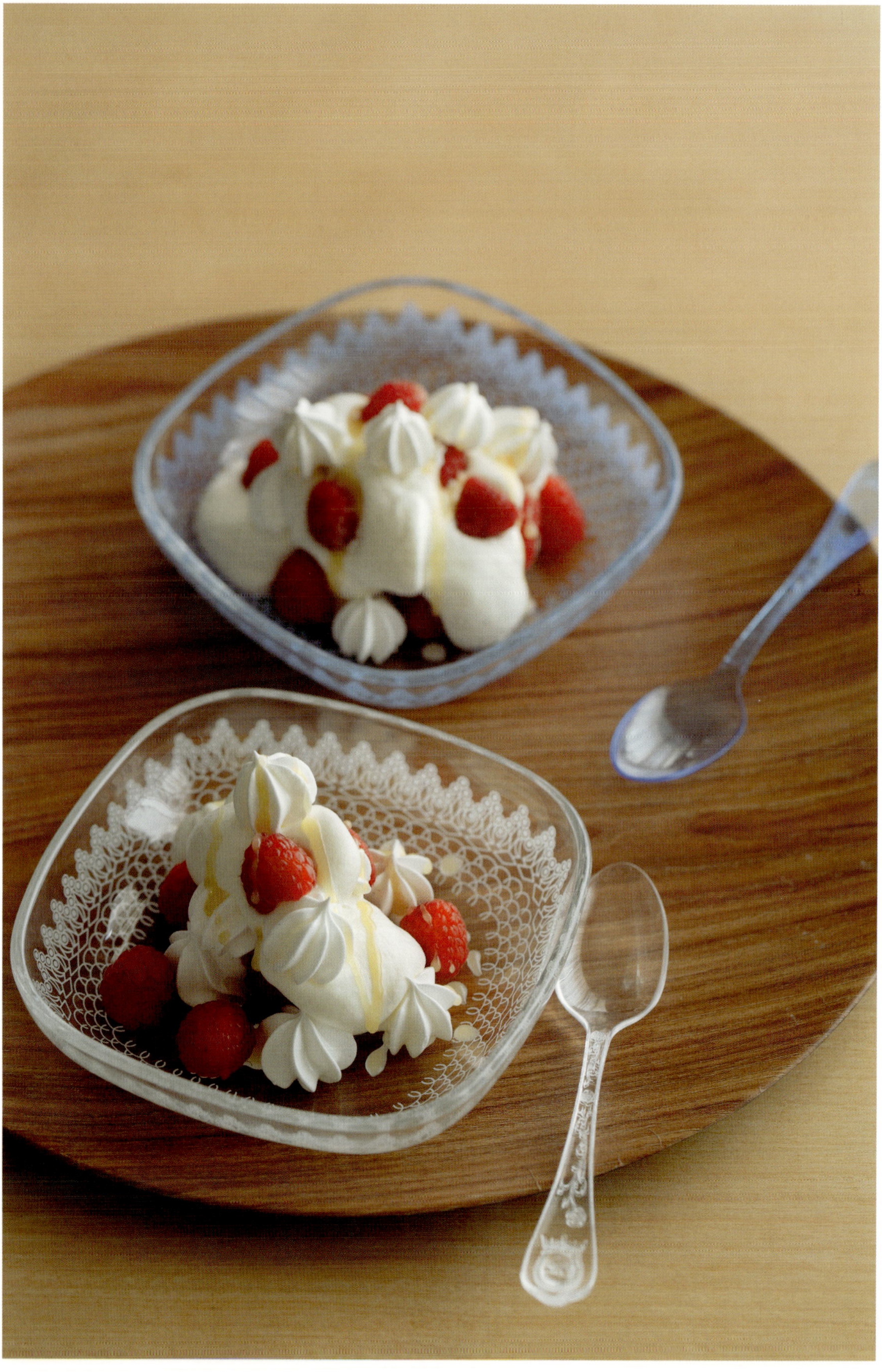

マレングスヴィス（焼きメレンゲとホイップした生クリームのデザート）

サクサクの焼きメレンゲが生クリームと共に口の中ですっと溶けます。
香ばしいキャラメルソースと甘酸っぱいラズベリー……さまざまな素材の重なりが楽しい！

材料　4人分
メレンゲクッキー（市販品）*……60g
生クリーム……200㎖
ラズベリー……150g

キャラメルソース（作りやすい分量）
生クリーム……50㎖
グラニュー糖……45g
ゴールデンシロップ*……大さじ1 ½
水……50㎖
バター……大さじ1

＊メレンゲクッキー
卵白に砂糖を加え、泡立ててメレンゲを作り、オーブンで焼き上げたもの。洋菓子店などで入手できます。

＊ゴールデンシロップ
白砂糖を作る過程で副産物として得られる褐色のシロップ。コクがありながらもクセがなく、お菓子に入れるとしっとりと仕上がります。

作り方

1. キャラメルソースを作る。鍋に生クリーム、グラニュー糖、ゴールデンシロップ、水を入れて中火にかけ、とろみがついて薄茶色（キャラメル色）になるまで、時々かき混ぜながら煮る。
2. 1にバターを加え、余熱を利用してバターが見えなくなるまで混ぜて溶かす。
3. 生クリームを7分立てに泡立てる。
4. 器にメレンゲクッキーとラズベリーを盛り、生クリームをのせる（a）。
5. 4を繰り返し、一番上にメレンゲクッキーとラズベリーを飾り、キャラメルソースをかけて完成。

＊ピラミッド形になるように盛りつけるのが一般的です。
＊ラズベリー以外にも、いちごやブルーベリーなど、ほかのベリーでもおいしい。

a
高さが出るようにこんもりと盛りつける

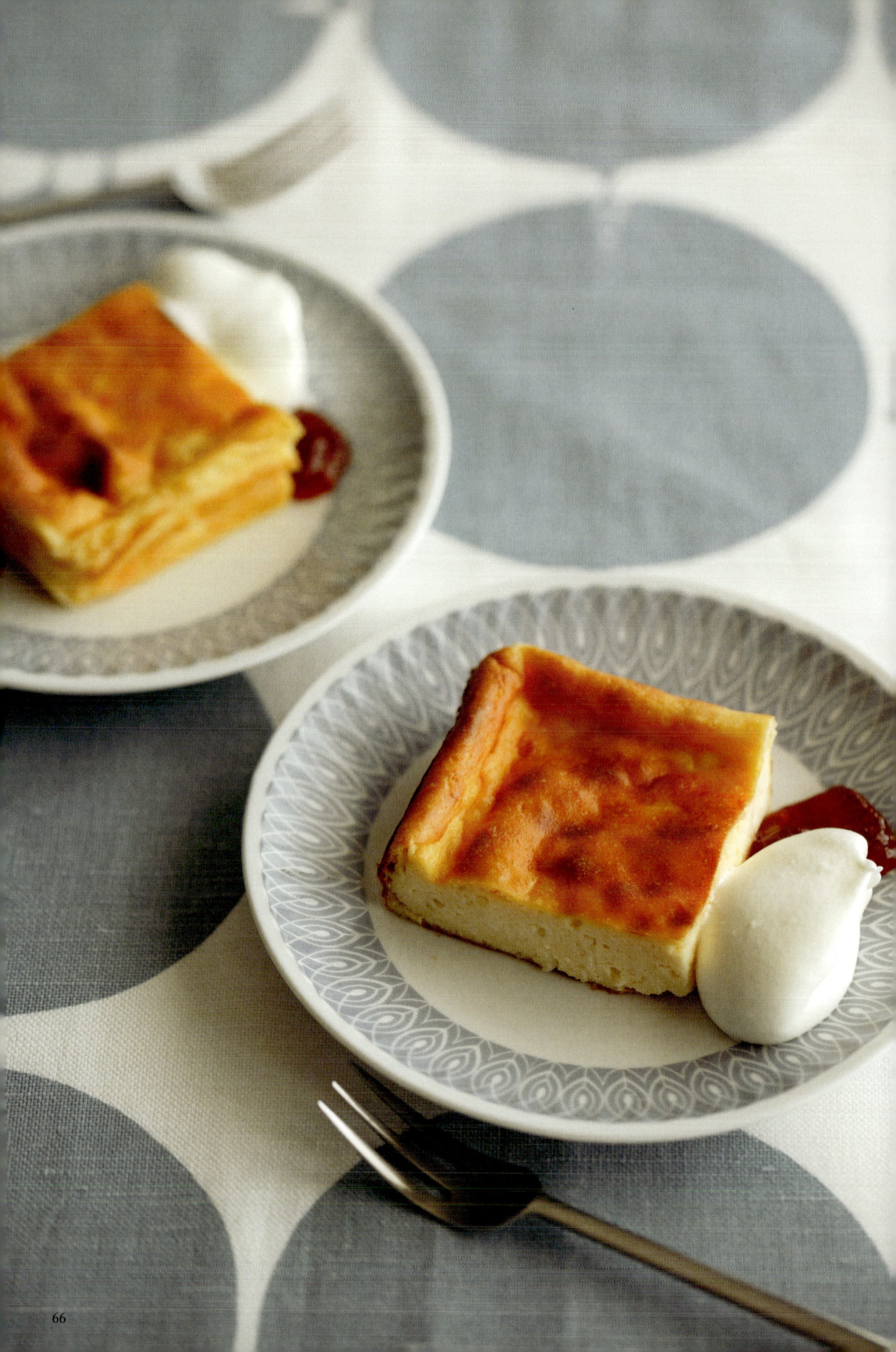

オストカーカ（スウェーデン風チーズケーキ）

できたての自家製フレッシュチーズを使って作ります。
スモーランド地方の伝統菓子で、かつてはパーティーに招かれた際に持ち寄るお菓子の定番でした。

材料　18×18cmの型・1台分
牛乳……2ℓ
レモン汁……120mℓ
卵……2個
グラニュー糖……30g
生クリーム……150mℓ
アーモンド（皮付き）……30g
アーモンドオイル（P55）……数滴
薄力粉……25g

ホイップした生クリーム……適量
いちごジャム……適量

下準備
- 卵、生クリームを室温に戻しておく。
- アーモンドを沸騰したお湯でゆで、冷水にとり、皮をむき、細かく刻んでおく。
- 型にオーブンシートを敷き込んでおく。
- 焼く前に、オーブンを170℃に予熱しておく。

作り方
1. 鍋に牛乳を入れて火にかけ、60℃ほどになるまで温める。
2. レモン汁を加えて軽く混ぜ合わせ、鍋を火からおろしてそのまま置く。
3. しばらくすると、もろもろした白い塊とやや黄色がかった水分に分離してくるので、ボウルの上にざるをセットして入れ、自然に水分が落ちるのを20分ほど待つ（a）。
4. ボウルに卵、グラニュー糖、生クリームを入れて泡立て器で軽く混ぜ合わせ、アーモンドとアーモンドオイルを加え、3のフレッシュチーズを2〜3回に分けて加え、その都度軽く混ぜ合わせる。
5. 薄力粉をふるいながら加え、軽く混ぜ合わせる。
6. 型に流し入れ、オーブンで70分ほど焼く。
7. 型に入れたまま少し冷まし、ほんのり温かい状態になったら、ホイップした生クリームとジャムを添えていただく。

＊本場スウェーデンのものよりも、なめらかな仕上がりです。
＊スウェーデンのレシピでは、ビターアーモンド（あるいはビターアーモンドオイル）を入れますが、日本では入手しづらいのでアーモンドオイルを使っています。
＊できたてよりも、一晩休ませるとよりおいしくなります。ラップをして冷蔵庫で休ませてください。冷蔵庫から取り出して温め直し、ほんのりとした温かさでいただきます。
＊本場ではレンネット（チーズを作る際に使われる、牛などの胃で作られる酵素の混合物）を使いますが、ここではレモン汁を使ってフレッシュチーズを作りました。
＊ボウルに残った水分（ホエー）は、カルシウムなど栄養成分を含んでいるので、パンを作る際に使うなど、捨てずに利用してください。

スウェーデンのオストカーカについて

スモーランド地方とヘルシングランド地方のものが有名。ここで紹介しているレシピはスモーランド地方のものです。

a
半量くらいの水分が出たらでき上がり

パンケーキのケーキ

北欧のパンケーキはフランスのクレープのような薄い生地。
普段は1枚ずついただくのですが、数段積み重ねてケーキを作ることもあります。

材料 直径14cmのフライパン・約10枚

パンケーキ生地
薄力粉……120g
塩……小さじ1/3
牛乳……400ml
卵……2個
バター（焼く用）……適量

フィリング
生クリーム……200ml
ブルーベリージャム……適量
カシスジャム……適量
ブルーベリー……適量

下準備
- 卵、牛乳を室温に戻しておく。
- 薄力粉をふるっておく。

作り方

1. パンケーキ生地を作る。ボウルに薄力粉と塩を入れ、均一になるように泡立て器で軽く混ぜる。
2. 牛乳の半量を加え、ダマにならないように泡立て器でよくかき混ぜる。
3. 残りの牛乳を加えて混ぜ、溶き卵も入れてさらに混ぜ合わせ、ラップをして30分ほど寝かせる。
4. フライパンを中火弱〜中火にかけてバターを溶かし、生地を流し入れ、フライパン全体に広げる。
5. 端が焼き上がり、上面が乾いたら裏返して、反対の面も焼く（両面とも薄い茶色の焼き色がつくように焼く）。10枚ほど、同様に焼く。
6. フィリングを作る。生クリームを泡立てる。
7. パンケーキ、ジャム2種（段ごと交互に塗る）、パンケーキ、生クリームとブルーベリーの順に重ねて積み上げ、一番上に生クリームとブルーベリーを飾る。

＊ブルーベリージャムとカシスジャムの2種類を使いましたが、好みのベリー類のジャムを使ってください。
＊ブルーベリー以外にも、いちごやラズベリーなど、ほかのベリーでもおいしい。

ルバーブといちごの夏のデザートスープ

いちごもルバーブも北欧では夏を彩る食材。
ほかにもローズヒップ、りんごやベリー類のフルーツスープは日常的に親しまれています。

材料　2人分

水……350㎖
グラニュー糖……50g
バニラビーンズ……¼本
ルバーブ（冷凍）……100g
片栗粉
……大さじ¾（25㎖の水で溶いておく）
いちご……150g

下準備

● いちごはへたを取り、縦半分に切っておく。

作り方

1. バニラビーンズを縦に裂き、中の種子を取り出し（P63参照）、少量のグラニュー糖（分量内）と混ぜ合わせる。
2. 鍋に水、グラニュー糖、1を入れて火にかける。沸騰させ、ルバーブを入れ、やわらかくなるまでふたをして煮る。
3. 火からおろし、水溶き片栗粉を加えて混ぜ、再び火にかける。沸騰したら火を止め、粗熱が取れたら冷蔵庫で冷ます。
4. バニラのさやを取り除き、いちごを混ぜる。

＊ホイップした生クリーム、アイスクリーム、スコルポール（P47）などを添えていただきます。
＊このレシピは冷やしたものをいただきますが、ローズヒップスープなどは温めていただくこともあります。

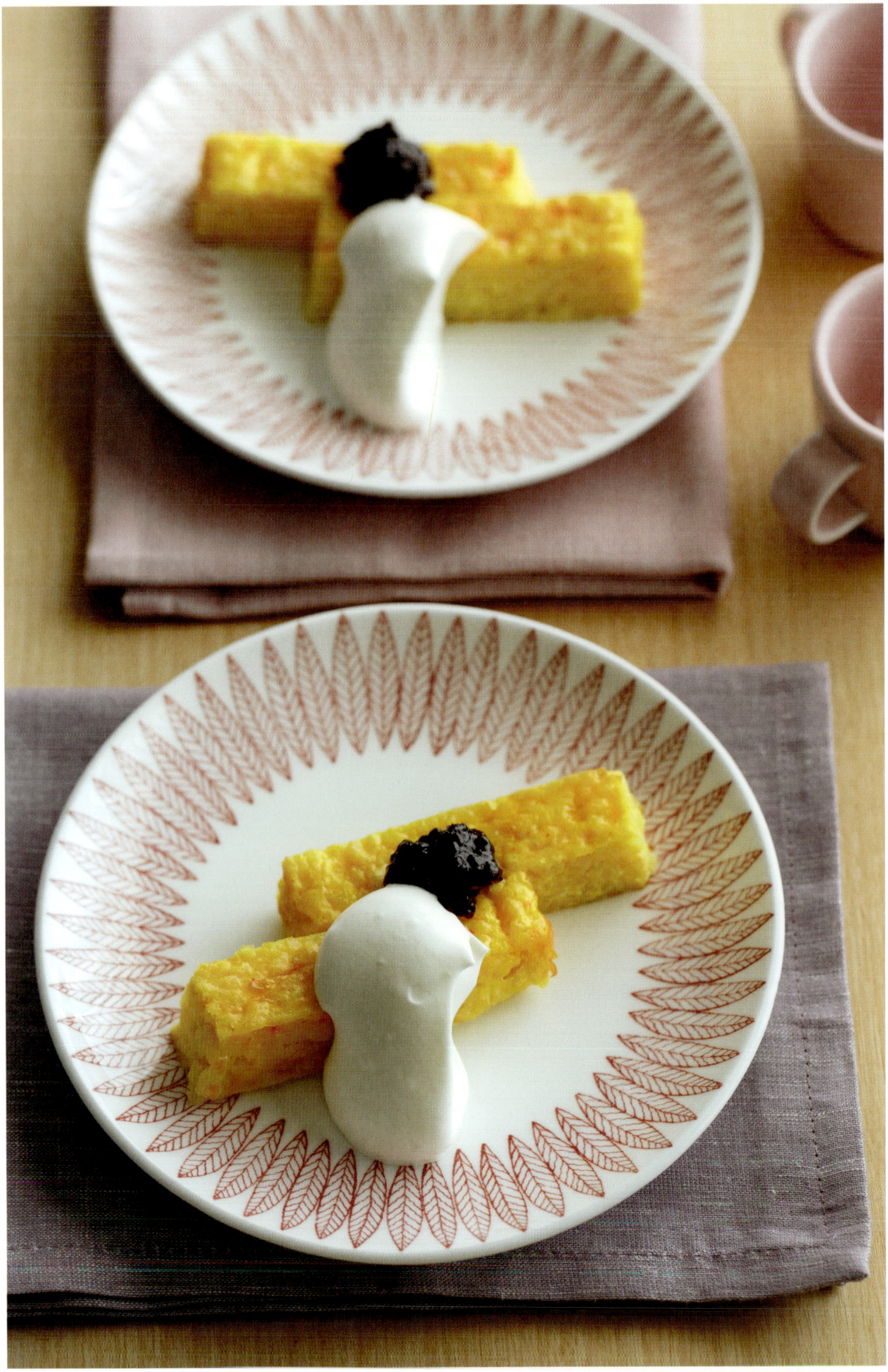

サフランスパンカーカ（サフラン風味のお米のデザート）

スウェーデンの南東の海に浮かぶゴットランド島を代表する伝統菓子。
サフランの風味となめらかな食感が特徴の、お米を使ったデザートです。

材料 18×18cmの型・1台分
- 米……½カップ
- 塩……小さじ¼
- バター……大さじ½
- 水……200㎖
- 牛乳……400㎖
- シナモンスティック……1本
- サフラン……ひとつまみ（約0.25g）
- 生クリーム……100㎖
- 卵……2個
- グラニュー糖……大さじ2
- アーモンド（皮付き）……40g

- ホイップした生クリーム……適量
- ブラックベリージャム……適量

下準備
- 卵、生クリームを室温に戻しておく。
- サフランをグラニュー糖ひとつまみ（分量内）と合わせてすり鉢ですりつぶしておく。
- アーモンドを沸騰したお湯でゆで、冷水にとり、皮をむき、細かく刻んでおく。
- 型にオーブンシートを敷き込んでおく。
- 焼く前に、オーブンを200℃に予熱しておく。

作り方
1. 大きめの鍋に米（洗わなくてよい）、塩、バター、水を入れて火にかけ、沸騰したら弱火にし、ふたをして10分ほど炊く。
2. 牛乳の半量を加えてよく混ぜ、沸騰したら残りの牛乳を入れてよく混ぜる。シナモンスティックを入れる。
3. 沸騰したら極弱火にし、ふたをして30分ほど炊く（この30分間は絶対に混ぜないこと）。
4. 炊き上がったら火を止め、ふたをしたまま休ませて冷やす（完全には冷まさないこと）。
5. サフランを入れて色が全体に行き渡るようにゴムベラで混ぜ、生クリームを加えて混ぜる。
6. 溶き卵を2～3回に分けて加え、その都度よく混ぜ、グラニュー糖とアーモンドを加えて混ぜ合わせる。
7. 型に生地を流し入れ、オーブンで30分ほど焼く。
8. 型に入れたまま少し冷まし、ほんのり温かい状態になったら、ホイップした生クリームとブラックベリージャムを添えていただく。

＊ゴットランド島では島に自生するベリーのジャムを添えますが、ブラックベリージャムで代用可能です。ブラックベリージャムが入手できない場合は、好みのベリー類のジャムを添えてください。
＊事前に作っておいて、食べる前にトースターなどで軽く温めてもおいしいです。

サフランについて

数あるスパイスの中で高価なサフラン。ゴットランドでは中心都市のヴィスビューが中世にハンザ同盟都市として栄えたことで、異国から輸入されてくる貴重なスパイスが手に入りやすかったという歴史があります。サフランスパンカーカに使われるお米とアーモンドも、かつては手に入りにくい高価な食材でした。

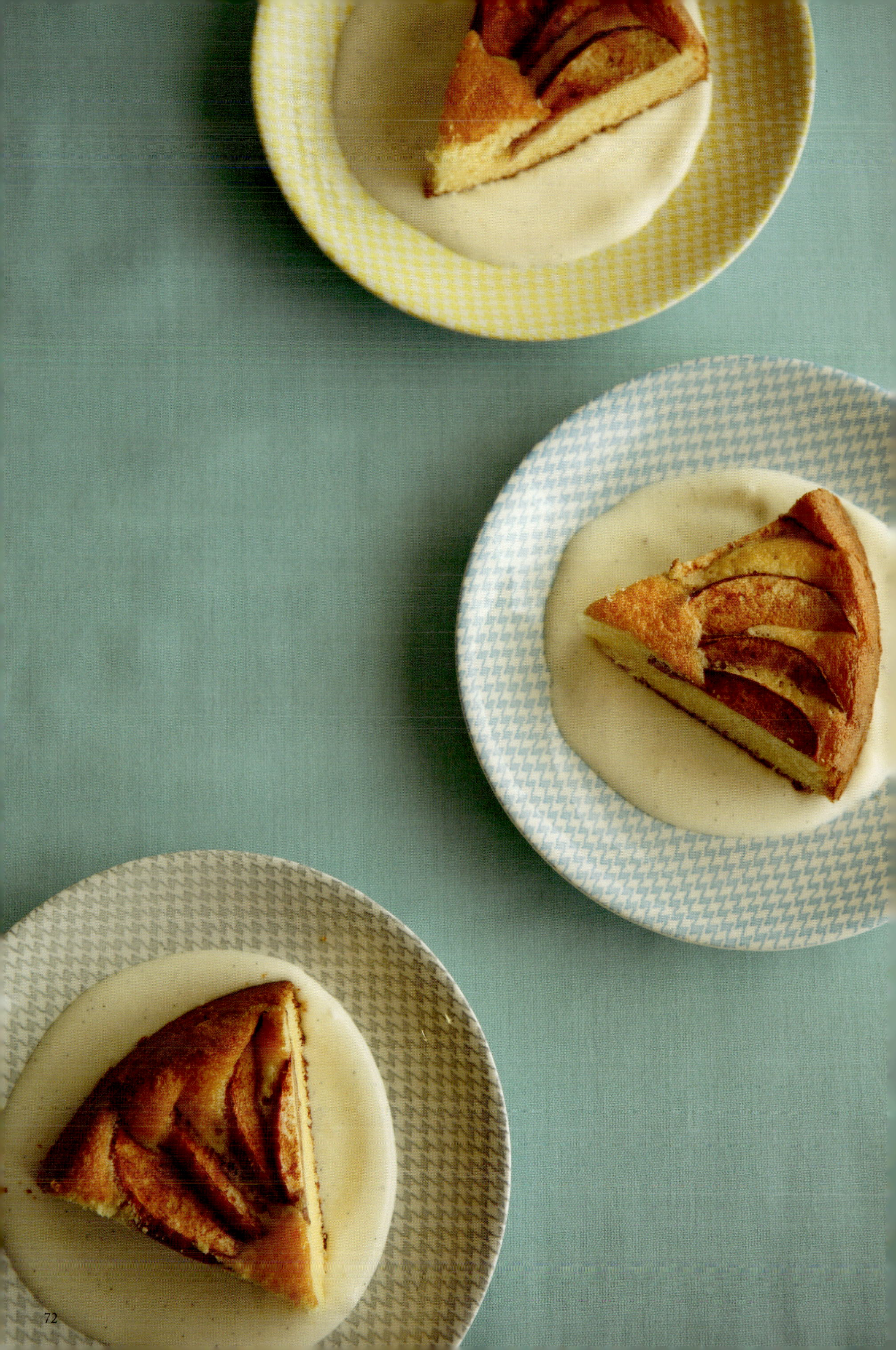

りんごのケーキ バニラソース添え

シナモンを振りかけたりんごをのせて焼いたシンプルなケーキ。
カスタードとホイップした生クリームを合わせたバニラソースをたっぷりと添えていただきます。

材料 18cmセルクル型・1台分

りんごのケーキ
卵……1個
グラニュー糖……90g
薄力粉……80g
ベーキングパウダー……小さじ1
バター……25g
牛乳……50ml
りんご……150g
シナモンパウダー（P43）……小さじ1

バニラソース
バニラビーンズ……½本
牛乳……100ml
生クリーム……150ml
卵黄……1個分
グラニュー糖……大さじ1
片栗粉……小さじ1

下準備
- 卵を室温に戻しておく。
- 薄力粉とベーキングパウダーを合わせてふるっておく。
- バターを湯せんで溶かし、牛乳50mlを入れて人肌くらいに温めておく。
- りんごは皮をむいて縦16等分くらいに切り（芯は取り除く）、シナモンパウダーをからめておく。
- 型にバター（分量外）をはけで塗って強力粉（分量外）を薄くまぶし、冷蔵庫に入れておく。
- 天板にオーブンシートを敷いておく。
- オーブンを180℃に予熱しておく。

作り方

1. りんごのケーキを作る。ボウルに卵とグラニュー糖を入れ、空気を含んで白っぽくもったりとするまでハンドミキサーで泡立てる。
2. 合わせた粉類を加え、粉気がなくなるまでゴムベラで底からすくうように混ぜる。準備したバターと牛乳を入れて同様に混ぜ合わせる。
3. 天板に型を置いて生地を流し込み、りんごを並べ、オーブンで40分ほど焼く。
4. 粗熱が取れたら型から外し、ケーキクーラーにのせて冷ます（**a**）。
5. バニラソースを作る。バニラビーンズを縦に裂き、中の種子を取り出す（P63参照）。鍋に牛乳と生クリーム50mlを入れ、種子とさやを入れて火にかける。
6. 沸騰したら火を止め、バニラの香りを移すため10分ほど置いてから、バニラのさやを取り出す。
7. ボウルに卵黄を入れて泡立て器でほぐし、グラニュー糖を一度に加えてすぐによく混ぜ、片栗粉をふるい入れて混ぜる。
8. **7**に**6**を少量加えて溶き伸ばし、残りの**6**を加えて混ぜる。漉して**6**の鍋に戻す。
9. 中火にかけ、泡立て器を絶えず動かして混ぜながら火を通し、沸騰し始めたら火を止める。容器に移し入れ、表面にぴったりラップをして、底に氷水をあてて冷ます。
10. 残りの生クリームを泡立てる（**b**）。
11. **9**がなめらかになるまでゴムベラで混ぜ、**10**を混ぜ合わせる。
12. 皿に**11**を広げ、カットしたケーキをのせる。

りんごについて

スウェーデンでは庭にりんごの木を植えている家庭も多く、旬の時期になると皮つきでそのまま食べたり、お菓子作りや料理に使ったり、とても親しまれているフルーツです。

a 余分な蒸気を逃がして、生地をおいしく仕上げる

b 泡立て器で混ぜた跡がしばらく残るくらい

クリスマスにいただく北欧のお菓子

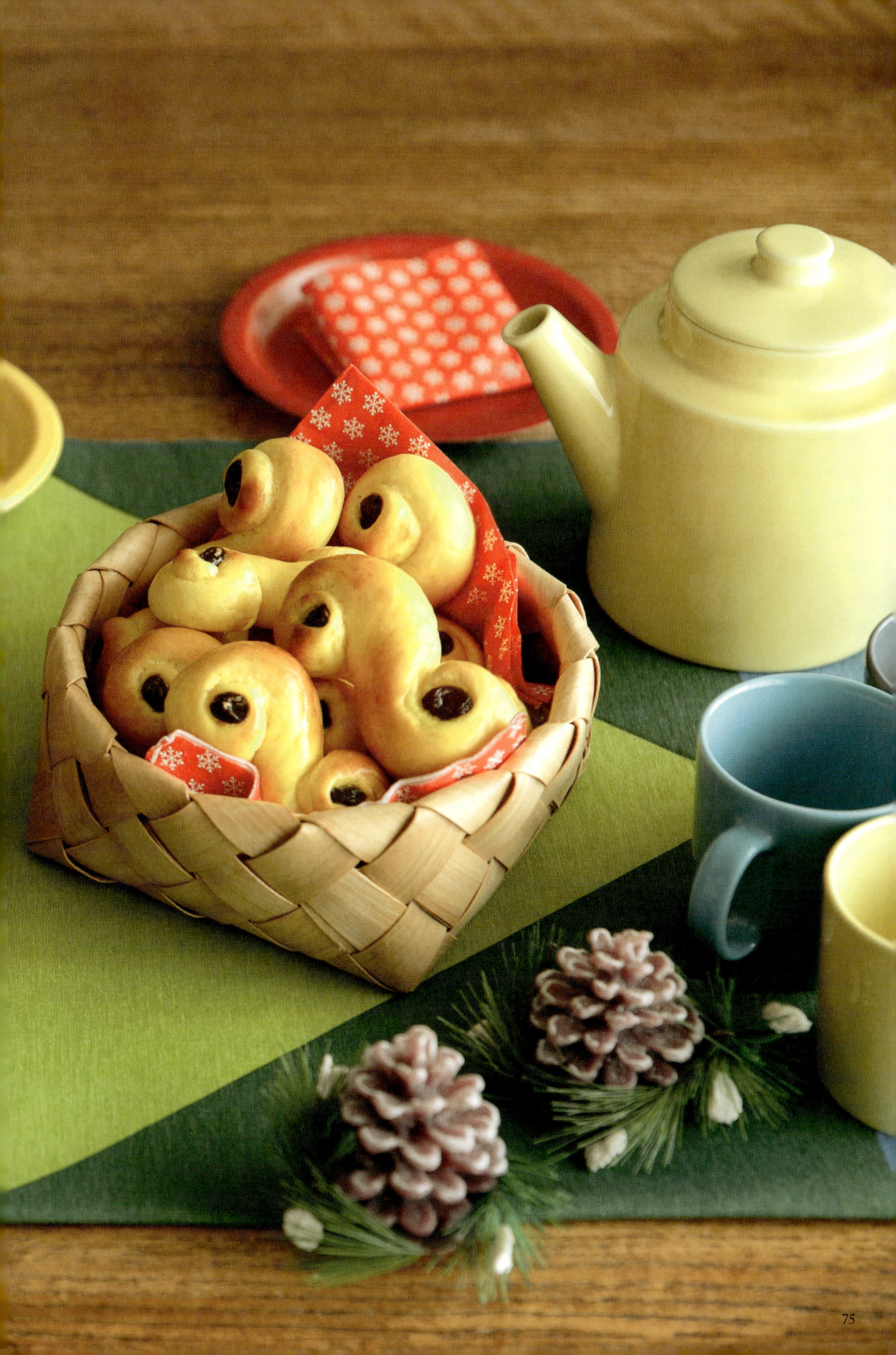

クリスマスにいただく北欧のお菓子

サフランのクネック
ラズベリーとバニラのコーラ

生クリーム、シロップ、砂糖を煮詰めて作る、キャラメルに似た伝統菓子。固めの食感の「クネック」と、やわらかめの食感の「コーラ」は、クリスマス時期に欠かせません。

ペッパルカーコル

クリスマス時期になると北欧でよく食べられる伝統的なクッキー。シナモン、ジンジャー、クローブなどの「クリスマスの香り」をスパイスとして使います。

サフランのクネック
材料 約12個分
- グラニュー糖……80g
- 生クリーム……100mℓ
- ゴールデンシロップ（P65）……100mℓ
- サフラン……ひとつまみ（約0.25g）

下準備
- 生クリーム少々（分量内）を湯せんで温めておく。
- 器に冷水（氷水）を用意しておく。
- 型（グラシンケース）を準備しておく。

作り方
1. サフランをグラニュー糖ひとつまみ（分量内）と共にすり鉢ですりつぶし、温めた生クリーム少々と混ぜる。
2. 鍋にグラニュー糖、残りの生クリーム、シロップを入れて、125℃ほどになるまで煮る。スプーンで少量をすくい取って冷水の中に垂らし（a）、指先でやわらかいボール状に丸めることができれば煮詰め完了（b）。
3. 1を加えて混ぜ合わせる。
4. ティースプーン2本を使って、型（グラシンケース）に入れて冷ます（c）。

＊粗熱が取れたら、冷蔵庫で保存してください。

a 冷水に入れるとすぐ、その場から固まっていく

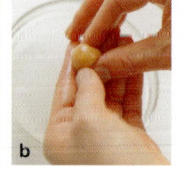

b 少し手につくかもしれないが丸められればOK

c 粘りがあるので、スプーン2本を使って丁寧に入れる

ラズベリーとバニラのコーラ
材料 約16個分
- 冷凍ラズベリー……100g
- バニラビーンズ……½本
- グラニュー糖……120g
- 生クリーム……100mℓ
- ゴールデンシロップ（P65）……50mℓ

下準備
- 冷凍ラズベリーを自然解凍しておく。
- 器に冷水（氷水）を用意しておく。
- 型（20cm×10cmほどのもの）にオーブンシートを敷き込む。
- でき上がりを包むオーブンシートを16枚用意する。

作り方
1. ラズベリーを目の細かいストレーナーなどで漉し、ピュレを作る。
2. バニラビーンズを縦に裂き、中の種子を取り出す（P63参照）。
3. 鍋にグラニュー糖、生クリーム、シロップ、1のラズベリーピュレ、2の種子を入れて、115℃ほどになるまで煮る。スプーンで少量をすくい取って冷水の中に垂らし、指先でやわらかいボール状に丸めることができれば煮詰め完了。
4. 型に流し入れ、粗熱が取れたらナイフで16等分に切り分け、オーブンシートで包む。

＊冷蔵庫で保存してください。

ペッパルカーコル
材料 約30枚
- 薄力粉……180g
- ベーキングパウダー……小さじ1½
- 粉砂糖……90g
- ジンジャーパウダー＊……大さじ⅕
- シナモンパウダー（P43）……大さじ⅖
- クローブパウダー＊……大さじ⅕
- カルダモン（P43）……小さじ⅖
- バター……60g
- モラセスシロップ（P48）……20mℓ
- 水……40mℓ

＊ジンジャーパウダー
しょうがを乾燥させて粉末状にしたもの。風味と辛味がそのまま楽しめます。

＊クローブパウダー
焼き菓子の香り付けのほか、肉の臭み消しにも使われます。甘くてスパイシーな香りが特徴です。

下準備
- 薄力粉とベーキングパウダーを合わせてふるっておく。
- カルダモンは、黒色の種子をすり鉢などで粗めにすりつぶすか挽いておく（P43参照）。
- バターは冷蔵庫で冷やしておく。
- 天板にオーブンシートを敷いておく。
- 焼く前に、オーブンを200～220℃に予熱しておく。

（北欧のスパイスクッキー）

ルッセカッテル (サフランの菓子パン)

サフランの風味が楽しめるクリスマス時期の伝統的な菓子パン。
特に12月13日の聖ルシア祭の日によく食べられます。
不思議なS字形がかわいい！

作り方

1. ボウルにバター、シロップ、水以外のすべての材料を入れ、均一になるようにフォークなどで混ぜ合わせる。
2. フードプロセッサーに1を入れ、冷蔵庫から出し立てのバターを適度な大きさに切って入れ、シロップと水を入れて撹拌する。
3. 生地がまとまったら取り出し、多めに打ち粉（強力粉／分量外）をした台の上で軽くこねる。
4. 生地をラップでぴったりと包み、冷蔵庫で一晩寝かせる（生地がなじんで伸ばしやすくなると共に、味がほどよく混ざり合う）。
5. 生地を5等分くらいに分け、打ち粉をした台の上で極薄くめん棒で伸ばし、好みのクッキー型で抜く（とても薄く、乾いた食感が特徴のため、台にもめん棒にも適度に打ち粉をして薄く伸ばすこと）。
6. 天板にのせ、オーブンで7分ほど焼く。
7. ケーキクーラーにのせて冷ます。

＊オーブンシートに直接生地をのせて、めん棒で伸ばすと型抜きしやすいです。
＊カルダモンはパウダー状のものでもよいですが、挽き立てを使うと、より風味がよくなります。
＊スパイスの分量はお好みに合わせて調節可能です。
＊密閉容器に入れて、湿気の少ない場所で保存してください。
＊グロッグ（P30）とよい組み合わせです。

材料　約10個分

薄力粉……105g
強力粉……105g
インスタントドライイースト
……小さじ1
グラニュー糖……25g
塩……少々
バター……35g
牛乳……115ml
サフラン……ひとつまみ（約0.25g）
卵……12g

レーズン（トッピング用）……適量
溶き卵（仕上げ用）……適量

下準備

- サフランをグラニュー糖ひとつまみ（分量内）と合わせてすり鉢ですりつぶし、少量の牛乳（分量内）と混ぜておく（a）。
- 天板にオーブンシートを敷いておく。
- 2次発酵の間に、オーブンを220～230℃に予熱しておく。

a
牛乳に浸すとサフランの色と香りがよく出る

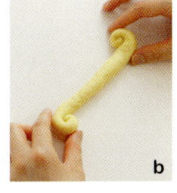

b
S字形になるよう両端から生地を巻いていく

c
のせるだけでは外れてしまうので、指で押してはめ込む

作り方

1. ボウルに薄力粉、強力粉、イースト、グラニュー糖、塩を入れ、均一になるように木ベラで軽く混ぜる。
2. 鍋にバターを入れて弱〜中火で溶かし、牛乳を加えて40℃ほどになるまで温める。2〜3回に分けて1に加え、その都度木ベラで混ぜる。
3. サフランと卵を加えて混ぜ、生地がボウルから離れやすくなり、つややかでなめらかになるまで10分ほど強くこねる。
4. 大きめの布ふきんをかけてボウルをくるみ、なるべく温かい場所で30分ほど寝かせる。元の2倍ほどの大きさになったら、1次発酵は完了。
5. 作業台に打ち粉（強力粉／分量外）をして、生地を軽くこね、10等分にして、S字形のルッセカッテルの形に成形する（b）。
6. 天板にのせて布ふきんをかけ、なるべく温かい場所で30〜40分寝かせる。元の2倍弱の大きさになったら、2次発酵は完了。
7. レーズンを飾り（c）、溶き卵をはけで塗る。
8. 表面に焼き色がつくまで、オーブンで5〜8分焼く。
9. ケーキクーラーにのせ、布ふきんをかけて冷ます。

77

Column 北欧の暮らしぶり

日本から8,000kmほども離れ、ほぼ地球の反対側にある北欧。
とても寒くて、かわいい雑貨がたくさんあって、
おしゃれな暮らしをしていたり、福祉に恵まれていたり……。
イメージは少しあるものの、それでも知らないこともたくさんあります。
ほんの少しではありますが、ここでは北欧の生活習慣や、
ちょっと意外な一面を、たくさんの写真と共に紹介します。

キュートなデザイン

スウェーデンのイケアやH&M、フィンランドのマリメッコやアラビア、デンマークのレゴやロイヤルコペンハーゲンなど、北欧で生まれ、世界中で愛されているブランドが数多くあります。その洗練されつつも温かみのあるデザインと、使い勝手の良さで、日本にもファンが多くいますね。
なぜこんなにも北欧には素敵なものが多いのでしょうか？

それは、寒さが厳しい北欧においては、家で過ごす時間が多くなることが理由とされています。せっかく長く過ごすならば、家を快適に、そして楽しい場所にしたいという思いが、北欧ならではのプロダクツを生み出してきました。

特に、スウェーデンのデザインを語る上で欠かせないのが、国旗。国民は国旗のデザインが好きで、ブルー×イエローの組み合わせをよくデザインに用いています

ストックホルムの地下鉄。こちらも特徴的なブルーです

食品にもスウェーデン国旗の色が使われています

カラフルな家々は、見ているだけで楽しくなります

クリスマスになると窓辺に星の飾りがつけられます

スウェーデンと自然

北欧には、古くから慣習法「自然享受権」があります。
「自然享受権」とは、すべての人が、自然の中を自由に立ち入り活動できる権利のこと。日本では私有地で食物や植物を採取することはできませんが、スウェーデンではそれが可能なのです。土地の所有者に損害を与えないのであれば、誰の所有地であっても自由に入って自然を楽しむことが認められています。そんなこともあり、自分でとったベリーやきのこを料理に使うなんてこともできるのです。

"森と湖の国"と言われるスウェーデンらしい風景。湖畔にコテージ風の小屋（ストゥーガ）の別荘を所有する人が多くいます

ベリーがいっぱい

自然に恵まれた北欧では、さまざまなベリーを収穫することができます。
本書でも、なんと9種類ものベリーのジャムを使用しました。リンゴンベリー、女王さまのジャム（ブルーベリーとラズベリーを合わせたジャム）、いちご、カシス、ブルーベリー、ラズベリー、ブラックベリー、クラウドベリー、グーズベリーのジャム……。
種類も豊富で、北欧の人々にとって貴重なビタミン源です。お店で買う以外にも、森で摘んだり庭で育てたりしたものでデザートやジャムを作ることもあります。日本ではなかなか手に入らないベリーでも、ジャムであれば入手しやすいので、ぜひ取り入れてみてください。

「Ska vi fika?（お茶にしない？）」

「fika」とはスウェーデン語で「お茶をする」や「ティータイム」のこと。北欧の人たちが大好きなコーヒーを飲みながら、家族や友人、同僚と一緒にひと息ついて、お喋りを楽しむのが習慣になっています。もし現地に行ったら、「Ska vi fika?（スカ ヴィ フィーカ?）＝お茶にしない？」と言ってみましょう。
そして、fikaには甘いお菓子が欠かせません。

サフランスパンカーカ 　セムロール

プリンセスバーケルセ 　マサリネル

本書でも紹介したセムロールは季節限定でカフェやパン屋さん、サフランスパンカーカはゴットランド島のカフェでいただけます。北欧らしい、素朴で温かみのあるおいしさが楽しめます。

旅先でのスナップを集めました

ノーベル賞の授賞式で有名な、ストックホルム市庁舎

ガムラスタン（旧市街）の小径。中世の佇まいが感じられる

こちらはガムラスタンのメインストリートで観光名所

ストックホルムでも、車で10分ほど走れば広大な自然の景色が楽しめる

冬の郊外の風景。ちょっと街から出ると一面雪景色、-40℃の世界に

Photos by 早川るりこ、加藤静香

著者

ALLT GOTT オーナーシェフ
矢口岳（たかし） P6〜40のレシピ担当

北欧料理で長い間人気を博していた「GAMLASTAN」で約10年ほど修業を積んだのち、腕を磨くためスウェーデンとイタリアに渡航。帰国後、2002年、吉祥寺に「ALLT GOTT（アルト ゴット）」を開店させた。伝統を大切にしたスウェーデンの料理を作り続けている。

ALLT GOTT
東京都武蔵野市吉祥寺本町 2-28-1 2F
TEL 0422-21-2338
http://www.good24.jp/shop/f757.html

早川るりこ P42〜77のレシピ担当

フードアナリスト®。1年半ほど、南スウェーデンの学校や家庭でスウェーデン料理と食文化について学んだ経験を生かし、レシピをブログで発表している。2014年からはノルウェーにも留学し、さらに北欧の食文化への研鑽を積んでいる。

●材料協力
アクアビットジャパン
http://www.aquavitjapan.jp
TEL 03-3408-4778

●撮影協力
イケア・ジャパン
http://www.IKEA.jp
TEL 0570-01-3900

●スタイリング協力
AWABEES
東京都渋谷区千駄ヶ谷 3-50-11 明星ビルディング 5F
TEL 03-5786-1600

UTUWA
東京都渋谷区千駄ヶ谷 3-50-11 明星ビルデイング 1F
TEL 03-6447-0070

うつわ謙心
東京都渋谷区渋谷 2-3-4 スタービル青山 2F
TEL 03-6427-9282

木のうつわとにほんみつばち　加藤育子
http://on.fb.me/11pYjQH

STAFF
デザイン／横田洋子
撮影／浦田圭介（P6、78〜79を除く）
スタイリング／宮澤由香

＊本書の内容に関するお問い合わせは、お手紙かメール（jitsuyou@kawade.co.jp）にて承ります。
恐縮ですが、お電話でのお問い合わせはご遠慮くださいますようお願いいたします。

家庭で作れる 北欧料理

2014年11月20日　初版印刷
2014年11月30日　初版発行

著　者　矢口岳、早川るりこ
発行者　小野寺優
発行所　株式会社河出書房新社
　　　　〒151-0051
　　　　東京都渋谷区千駄ヶ谷 2-32-2
　　　　電話 03-3404-1201（営業）
　　　　　　 03-3404-8611（編集）
　　　　http://www.kawade.co.jp/

印刷・製本　凸版印刷株式会社

Printed in Japan
ISBN978-4-309-28487-3
落丁本・乱丁本はお取り替えいたします。
本書のコピー、スキャン、デジタル化等の無断複製は著作権法上での例外を除き禁じられています。本書を代行業者等の第三者に依頼してスキャンやデジタル化することは、いかなる場合も著作権法違反となります。